ωīμ 0,50€
72 / 23

Julien Koku Kita

Afrikanische und europäische Mentalitäten im Vergleich

D1731912

Fremde Nähe

Beiträge zur interkulturellen Diskussion

herausgegeben von
Reimer Gronemeyer (Gießen)
Roland Schopf (Fulda)
und Brigitte Wießmeier (Berlin)

Band 19

LIT

Julien Koku Kita

Afrikanische und europäische Mentalitäten im Vergleich

Mit Beispielen aus der Beratungsarbeit

LIT

Umschlagbild: Julien Koku Kita

Aus dem Französischen von Hanne Lötters
Übersetzung überarbeitet von Pierre Sossou

Bibliografische Information Der Deutschen Bibliothek
Die Deutsche Bibliothek verzeichnet diese Publikation in der Deutschen
Nationalbibliografie; detaillierte bibliografische Daten sind im Internet
über http://dnb.ddb.de abrufbar.

ISBN 3-8258-6607-6

© LIT VERLAG Münster – Hamburg – London   2003
Grevener Str./Fresnostr. 2   48159 Münster
Tel. 0251–23 50 91   Fax 0251–23 19 72
e-Mail: lit@lit-verlag.de   http://www.lit-verlag.de

Danksagung

Dank und Dankbarkeit gehören zusammen! An dieser Stelle möchte ich mich bei allen, die an meinen Interviews teilgenommen haben für ihre Offenheit und Ehrlichkeit bedanken. Große Dankbarkeit gebührt P. Bernhard Hagen für seine auf 23 Jahren Erfahrung in Ghana basierende tiefe Analyse und für die Co-Finanzierung dieser Ausgabe. Meine herzliche Dankbarkeit für die moralische Unterstützung gilt dem ehemaligen Stadtdekan Pfr. Michael Scharf, sowie Monika und Wolfgang Wünst, Herrn S. Ramboliarisoa, der Von-Detten-Stiftung, der ESG und dem Ausländerbeirat Münster. Folgenden Instituten, die mir ohne Bürokratischen Aufwand Informationen zur Verfügung gestellt haben, bin ich sehr dankbar:

- Institut für Ägyptologie und Koptologie Münster.
- Institut Vanier de la famille Ottawa (Kanada).
- Fakultät für Soziologie an der Universität Lomé (Togo). Dank gebührt bes. Vincent Agbovi, Soziologiedozent.

Ein besonderer Dank gilt meinen Dozenten an der Philosophisch-Theologischen Hochschule Münster, aber auch meinen Lehrern bei C.L.E.R. in Paris und bes. Dr. Michèle und Dr. François Guy, Mitbegründern des Instituts für ihren Ermutigungsbrief. Danken möchte ich auch der Afrikanischen Gemeinde – Bistum Münster für die monatlichen Treffen, die mir eine praktische Erfahrung mit der afro-europäischen Begegnung ermöglichen; Dank bezeuge ich auch allen afrikanischen Vereinen, die auf verschiedenen Weisen die afro-europäischen Begegnungen fördern, bes. Afrika Kooperative e.V. / Afrika e.V. Münster, All Afrika Forum. Einen besonderen Dank an Tita Juwita und Madjid Mehrabi-Rad für ihre Beiträge über die asiatische Kultur. Vielen Dank an Hanne Lötters und Pierre Sossou, die intensiv und schnell die deutsche Version vorbereitet haben.

Für die freundliche Unterstützung dieser Ausgabe, die ich Menschen guten Willens widme, die sich für ein friedliches Miteinanderleben einsetzen, bedanke ich mich bei der Brücke und der ASTA Münster.

2

Inhalt

Geleitwort

Das Thema, das im vorliegenden Buch behandelt wird, ist gerade wegen der weitreichenden Veränderungen in unserer heutigen Welt von Interesse. Die Feststellung, dass die Kulturen sich unwiderruflich vermischen, und die Analyse, die der Autor dazu liefert, sind eine Aufforderung an die Menschen, sich der kulturellen Verschiedenartigkeit in der Welt bewusst zu werden, eine kulturelle Verschiedenartigkeit, auf die wir stolz sein und anhand derer wir uns identifizieren müssen. Denn daran können wir uns innerlich bereichern und es ermöglicht uns ein besseres Verständnis des menschlichen Verhaltens.

Dieses Buch ist wie ein Spiegel, der reflektiert, wie sich die Sitten der afrikanischen und europäischen Gesellschaft äußern. Es ist dem Autor gelungen herauszuarbeiten, wie unterschiedlich die Herangehensweise und die Wertschätzung dieser beiden Welten ist, die durch viele Dinge getrennt sind und doch immer wieder miteinander in Berührung kommen.

Die Berichte von verschiedenen Personen, die in diesem Buch abgegeben werden, verdeutlichen diese Behauptung. Sie machen den universalen Charakter von Kultur deutlich, die in jeder Gesellschaft ein eigenes Gesicht hat. Kennt man andere Kulturen, so ist das eine Antriebskraft für Föderation und Integration zur Zeit der „multinationalen" Gesellschaften, in denen wir heutzutage leben. Diese Kenntnis trägt somit zum besseren Verständnis und zur Akzeptanz des anderen mitsamt seiner kulturellen Andersartigkeit bei.

Dieses Buch, dessen Lektüre niemanden gleichgültig lassen sollte, hebt sich durch seine praktische Ausrichtung von anderen literarischen Werken ab. Es liefert eine Vielzahl von Antwortansätzen, mit Hilfe derer bestimmte Schwierigkeiten besser erfasst und überwunden werden können, die dem Leben in einer Beziehung zumal mit Partnern aus unterschiedlichen Kulturen innewohnen.

Das Buch hat uns beeindruckt. An einigen Stellen hat es uns in die Vergangenheit zurückversetzt und hat uns an einige Streitigkeiten erinnert, die wir zu Beginn unserer Beziehung hatten. Meine Erziehung und die traditionellen afrikanischen Wertvorstellungen, mit denen ich aufgewachsen bin, standen oft im Gegensatz zu den Vorstellungen meiner Lebensgefährtin, die ihrerseits in der europäischen Kultur aufgewachsen ist. Aber wir haben gelernt, uns unsere Unterschiede zuzugestehen und unsere jeweilige Kultur zu respektieren, und das hat sehr zu unserem Hausfrieden und auch zu unserem Glück beigetragen. Wir empfehlen somit uneingeschränkt die Lektüre dieses Buches, das wir nun schon mehrfach mit Freude gelesen haben: jedem Paar mit gemischten Nationalitäten einerseits und andererseits jedem Menschen, der sich für die Problematik der Identität und Unterschiedlichkeit oder aber für Probleme zwischen Völkern interessiert. Wir empfehlen es wärmstens all den Menschen, die sich öffnen wollen für das „weltweite Dorf", zu dem unsere heutige Welt sich entwickelt.

Paderborn am 15. November 2002-10-22

Ludovic Ohoundegnon, *Vorsitzender des „Schwarz – Weiß e.V."*
und seine Frau Irene Hoppe, *Mitgründerin des Vereins.*

Vorbemerkung: Zum Verständnis dieses Buches

Die afrikanische und die europäische Mentalität

Es muss anmaßend wirken, wenn jemand über Mentalitäten von Gebieten schreibt, die so groß und in sich so unterschiedlich sind wie Afrika und Europa. Der Titel dieses Werkes wirft von Anfang an eine Frage auf: Ist dieses Buch ein Katalog mit den Klischees, die es über die afrikanische und europäische Gesellschaft gibt, oder wird darin die Lebenswirklichkeit der Bevölkerung berücksichtigt? Um diese Unklarheit zu beseitigen, bietet es sich an, einige Punkte zu verdeutlichen und es somit dem Leser leichter zu machen, die Gedanken, die entwickelt werden, besser nachzuvollziehen. Ich werde diese Zweideutigkeit mit Hilfe einer kleinen Geschichte beseitigen.

Ich habe in Deutschland in einem Studentenwohnheim gewohnt, wo ich die Küche mit einigen Nachbarn teilte. Eines Tages, als ich gerade zu Ende frühstückte, kam einer meiner Nachbarn und wollte sich Kaffee kochen; er sah, dass noch etwas Kaffee in der Kaffeemaschine war und fragte mich freundlich, ob es meiner sei. Ich antwortete ihm, dass es nicht meiner ist und dass ich nie Kaffee trinke. Daraufhin fragte mein Nachbar sofort: „Trinkt ihr in Afrika keinen Kaffee?" Ich antwortete ihm: „In Deutschland trinken doch auch nicht alle Kaffee!" Diese Art der voreiligen Verallgemeinerung von einem Individuum auf die Gemeinschaft entspricht nicht der Methode, die bei der Entstehung dieses Buches angewandt wurde. Fast alle Afrikaner machen in Europa ähnliche Erfahrungen. Deshalb wehren sie sich oft dagegen, wenn man verallgemeinernd sagt: „Die Afrikaner...". Diese Art der einfachen und oberflächlichen Verallgemeinerung, die uns voneinander trennt, darf uns aber nicht daran hindern auch unsere Gemeinsamkeiten zu sehen. Sonst laufen wir Gefahr, in das andere Extrem zu verfallen, nämlich zu denken, dass die Afrikaner nichts gemein haben. In diesem Werk wird versucht, das zu analysieren, was die Identität der Afrikaner einerseits und der Europäer andererseits grundlegend ausmacht, um davon ausgehend die klischeehaften Vorstellungen aus dem Wege zu räumen, die wir voneinander haben.

Der Vergleich zwischen Europa und Afrika: Es geht hier auf der einen Seite um das moderne Europa als Ergebnis einer endogenen Entwicklung (ausgehend von seinem ursprünglichen Zustand) und um das traditionelle Afrika auf der anderen Seite, das eher eine exogene denn eine endogene Entwicklung durchmacht. In einigen Teilen des Buches wird der Leser merken, dass auf die afrikanische Sichtweise intensiver eingegangen wird als auf die europäische Sichtweise. Das erklärt sich dadurch, dass die afrikanische Mentalität an sich weniger bekannt ist; zudem erfordert es viele Details und Erläuterungen, wenn man in einer europäischen Sprache etwas über das Dasein anderer Kulturen vermitteln will.

Der Aufbau des Buches

In den ersten beiden Teilen wird anhand verschiedener Methoden von Beratungsgesprächen in der afrikanischen und der europäischen Gesellschaft die Problematik von interkulturellen Beziehungen behandelt. Ausgehend von Übereinstimmungen und Unterschieden in diesen Methoden endet die Analyse bei alltäglichen Erlebnissen in afroeuropäischen Beziehungen, und dabei vor allem bei interkulturellen Missverständnissen und ihren Ursachen (Dritter Teil). Im Vierten Teil wird der Übergang von der kulturellen afro-europäischen Problematik hin zur zwischenmenschlichen Dimension durchgeführt. Damit wird die vereinfachende, zu enge Denk- und Verhaltensweise überwunden. Im Anhang am Ende des Buches sind Interviews zusammengestellt, die mit afrikanischen Beratern und Ratsuchenden geführt wurden, auf die sich die ersten beiden Teile beziehen. Weitere Befragungen, die mit afroeuropäischen Paaren und anderen Menschen durchgeführt wurden, werden direkt in der Analyse ausgewertet. Von den befragten Personen sind lediglich die Vornamen erwähnt, um, je nach Fall und Person, ihre Anonymität oder den Rahmen der Vertraulichkeit zu wahren.

Das C.L.E.R. und die Ewe

Beim C.L.E.R. handelt es sich um das *Centre des Equipes de Recherche sur l'Amour et la Famille*. Das ist ein Institut für Information, Erziehung und Partnerschafts- und Familienberatung. Hier werden Fortbildungen zu Themen wie Beziehung, Gefühls-, Geschlechts- und Familienleben angeboten. Es ist eine gemeinnützige Gesellschaft mit Sitz in Paris. Die Beratungsmethoden, die dort unterrichtet werden, wurden als Beispiel für europäische Beratungsmethoden herangezogen. Die Ewe sind ein Volksstamm in Südghana und in Südtogo in Westafrika. Die Stammessprache heißt auch Ewe. Die Analyse des Beratungsgespräches in Afrika wird ausgehend von der Methode dieses Volkes gemacht. Es handelt sich um die traditionelle Methode, die noch immer angewandt wird.

Hinweis

Da das behandelte Thema sehr komplex ist, wäre jede Auswertung der Umfragen und des Inhalts dieses Buches – an denen die Unterschiede in den Tendenzen einer jeden Gesellschaft deutlich werden – außerhalb des Kontextes nicht im Sinne des Autors. Dieses Buch wurde geschrieben, um das Zusammenleben zu fördern und nicht um Menschen oder Völker voneinander zu trennen. Ich spreche im Voraus all denen meine Dankbarkeit aus, die die Informationen in diesem Buch nicht fälschlicherweise so verwenden, dass die Schwierigkeiten in den kulturellen Beziehungen zwischen Afrikanern und Europäern erschwert werden, sondern die sie vielmehr verwenden, um die Kenntnis des anderen zu vertiefen und den Weg für gegenseitige Liebe zu ebnen. Das Buch wendet sich vor allem an die Menschen, die bereit sind, ihre eigene Kultur mit einem kritischen Auge zu betrachten, wobei die Kultur das ist, worüber eine Gesellschaft sich definiert und was eine Gesellschaft oder eine Gruppe von Menschen ausmacht.

Ich weiß, dass diese Arbeit trotz dieser Erklärungen für einige wie ein Elektroschock wirken wird – vor allem für all die, die bisher noch nie die Gelegenheit hatten, ihre eigene Kultur zu beleuchten; für andere wird sie die Möglichkeit liefern, neue Horizonte zu öffnen und an einer menschlicheren und lebenswerteren Welt mitzugestalten. Folglich nehme ich Erweiterungen und Kritik gerne entgegen, solange sie dazu beitragen, das gesellschaftliche Leben zu verbessern. In diesem Sinne schließe ich mich einem Gedanken von Boileau an: „Ein gutes Buch erkennt man daran, dass es viele Kritiker hat; und die größte Ungnade, in die ein Werk, das man schafft, fallen kann, ist nicht, dass viele Menschen etwas Schlechtes darüber sagen, sondern dass niemand etwas darüber sagt."[1]

---

[1] Nicolas Boileau, in: Honoré N'gbanda Atumba, Ainsi sonna le glas, Giseppe, Paris 1998, S. 13.

Einleitung

Bereits seit mehreren Jahrhunderten begegnen sich Afrika und Europa durch persönliche Kontakte oder Kooperationen von Institutionen im wirtschaftlichen, politischen, religiösen oder kulturellen Bereich. Und obwohl diese vielfältigen Kontakte schon lange anhalten, sind die Kenntnisse, die die eine Gesellschaft von der anderen hat, sehr oberflächlich. Sie scheinen sich nicht die Zeit genommen zu haben, einander gegenseitig besser zu entdecken. Eine jede versteckt sich nur allzu leicht hinter vorgefertigten Vorstellungen oder gar Vorurteilen und gibt vor, die andere schon gut genug zu kennen. Daraus entstehen die Krisen, Missverständnisse und Enttäuschungen in afro-europäischen Kontakten sowohl auf persönlicher als auch auf institutioneller Ebene; das führt sie in einen Teufelskreis der gegenseitigen Verurteilungen. Die Freude, die afro-europäische Beziehungen bereitet, hält oft nicht lange an. Ein Sprichwort erinnert uns: „Ein Feind, den ich kenne, ist besser als ein Freund, den ich nicht kenne." Ist es somit nicht an der Zeit, dass wir uns die Zeit nehmen, einander intensiver kennen zu lernen, um fruchtbarere und stabilere Kontakte herzustellen? Das ist die grundlegende Frage, die dieses Buch aufwirft.

Keine Zivilisation und keine Kulturgemeinschaft können heute überleben, wenn sie sich vor der Welt verschließen. Es ist wichtig, sogar unumgänglich, dass sich jede Kultur den anderen gegenüber öffnet. Das Problem, das sich dabei stellt, ist die Frage, wie man im Globalisierungsfluss[1] der Kulturen – in dem die Kulturen einander ergänzen und dadurch bereichern – mitschwimmen kann und dabei die kulturelle Identität eines jeden Volkes bewahrt. Wie komplex diese interkulturelle Realität ist, kann unter anderem verdeutlicht werden an Beratungsgesprächen einerseits im pädagogischen Ansatz des *Centre de Liaison des Equipes de Recherches – Amour et Famille* (C.L.E.R.)[2] als Beispiel für

---

[1] Der Globalisierungsbegriff darf hier nicht verstanden werden als die ökonomische Herrschaft der Reichen über die Armen. Die Globalisierung wird hier vielmehr als das unvermeidliche Aufeinandertreffen verschiedener Kulturen in unserer heutigen Gesellschaft angesehen.

[2] Weitere Informationen sind im Vorwort zu finden. Das Beratungsgespräch, das in C.L.E.R. vermittelt wird, beruht vor allem auf der Methode des amerikanischen Psychologen Carl Rogers und der von Maurice Bellet. Vgl. dazu Carl Rogers, Entwicklung der Persönlichkeit, 1992; Maurice Bellet, L'écoute, Desclée de Brouwer, Paris 2000.

die europäische Kultur und andererseits im pädagogischen Ansatz der afrikanischen Tradition, ausgehend vom Beispiel der der Beratungsmethoden der Ewe[1] in Südtogo. Einige Erfahrungen afro-europäischer Paare, die hier dargestellt werden, veranschaulichen die Problematik des kulturellen Schocks. Dies gibt Anlass zu einer ausführlichen Analyse der Thematik.

Es geht in der vorliegenden Arbeit weder darum, die beiden Kulturen einander gegenüberzustellen, noch darum aufzuzeigen, dass ihr Zusammenleben unmöglich wäre. Diese Analyse hat schon aufgrund der Vielschichtigkeit der Elemente nicht den Anspruch, eine umfassende Lösung für die Schwierigkeiten anzubieten, die sich bei einem Zusammenleben verschiedener Kulturen ergeben. Dennoch möchte sie:

- unsere Aufmerksamkeit wecken, indem hier die Problematik der kulturellen Unterschiede ausgehend von präzisen Angaben erneut aufgegriffen wird;

- aufzeigen, dass kulturelle Unterschiede einander ergänzend Quelle der Bereicherung sein können und nicht etwa der Grund dafür sein müssen, dass zwei unterschiedliche Identitäten aneinandergeraten;

- den Afrikanern und Europäern ermöglichen, einander besser zu verstehen, zu kennen, einander auf einer anderen Basis zu begegnen, um dann das Zusammenleben harmonischer gestalten zu können.

---

[1] Die Ewestämme sind zu finden in Südtogo und Südghana in Westafrika. Aufschlussreiche Informationen sind dem Vorwort zu entnehmen.

Erster Teil: Die Vergleichselemente in einem Beratungsgespräch

*Die einfachste Art, einen Menschen zu ehren,
ist ihm zuzuhören. (Michael Zöller)*

Ein Beratungsgespräch unterscheidet sich von einem normalen Gespräch. Wenn ein Mensch ein Problem hat und sich einem anderen
Menschen anvertraut, so handelt es sich dabei um ein *Beratungsgespräch*. In diesem allgemeinen Sinne kann jeder Mensch einem anderen zuhören und ihm raten. Derjenige, der zuhört, wird *Berater* genannt;
derjenige, der sich dem Berater anvertraut, ist der Ratsuchende. Obwohl jeder Mensch in der Lage ist jemandem zuzuhören, der ein Problem hat, spricht doch jede Gesellschaft die Rolle des Beraters in klassi-
scher Weise Menschen zu, die dafür ausgebildet wurden: Sie heißen
Erzieher, Berater, Weiser usw.

Das Beratungsgespräch spielt sowohl in der afrikanischen Tradition als
auch in der europäischen Gesellschaft eine wichtige Rolle. Es ist zu
beobachten, dass einige Punkte der Beratungsmethoden in der afrikanischen und der europäischen Gesellschaft ähnlich sind, aber es gibt
auch wichtige Bestandteile mit Unterschieden im pädagogischen Ansatz, auf die wir verstärkt unser Augenmerk lenken werden. Eine vergleichende Analyse ausgehend von den jeweiligen Beratungsmethoden
in der einen und der anderen Gesellschaft ermöglicht es:

- ausgehend von übereinstimmenden Elementen der pädagogischen Ansätze aufzuzeigen, dass der Mensch universal ist, trotz
  kultureller Unterschiede;

- ausgehend von Unterschieden im pädagogischen Ansatz zu unterstreichen, dass jedes Volk einzigartig ist und jede Kultur relativ gesehen werden muss;

- Sie kann von Nutzen sein für jeden Europäer, der sich in Afrika
  nützlich machen will, für Afrikaner, die die Ausbildung in Europa
  machen, oder umgekehrt für Europäer, die die Ausbildung in Afrika machen.

1.DIE IDENTISCHEN MERKMALE EINES BERATUNGSGESPRÄCHS IN AFRIKA UND IN EUROPA

> *Man muss seine Meinung äußern und dem
> anderen zuhören, dann erreicht man Ge-
> waltlosigkeit (Isabelle Filiozat)*

Einige Elemente eines Beratungsgespräches finden sich sowohl am
C.L.E.R. (Europa) und bei den Ewe in Südtogo und Ghana (afrikanische
Tradition) wieder; hier wie da machen die Menschen damit ihre Erfah-
rungen, und das erscheint normal und selbstverständlich. Es stellt also

eine wichtige Übereinstimmung dar, an der die beiden Gesellschaften sich problemlos treffen können.

Damit ein Beratungsgespräch zu Stande kommt, werden zwei Parteien benötigt:

- auf der einen Seite der Ratsuchende, der aufgrund seines See-lenzustandes das Bedürfnis hat, sich vor einem anderen zu öffnen und ihn an dem teilhaben zu lassen, was in ihm vorgeht. Die klassische Kommunikation findet mündlich und von Angesicht zu Angesicht statt. Das schließt jedoch nicht aus, dass das Gespräch auch am Telefon, in Briefen oder gar über Tonbandträger stattfinden kann. Ein Beratungsgespräch kann mit einem oder mehreren Ratsuchenden abgehalten werden;

- auf der anderen Seite der Berater, der sich Zeit nimmt, um dem Ratsuchenden ein psychologisch beruhigendes Umfeld zu schaffen, in dem er ihm gut zuhören oder ihn im besten Fall verstehen kann.

Geht man davon aus, dass jeder Mensch, der spricht und kommuniziert, den Wunsch verspürt, dass man ihm zuhört oder, besser noch, ihn versteht, so wird man auch sagen, dass jeder Ratsuchende in seinem jeweiligen gesellschaftlichen Kontext (dem afrikanischen und dem europäischen) diesen Wunsch auch in ein Beratungsgespräch mitbringt. Um dieser Erwartung des Ratsuchenden gerecht zu werden, verfügt der Berater (sei er Afrikaner oder Europäer) über die wirksame Methode der *Umformulierung*. Die *Umformulierung* im Rahmen eines Beratungsgesprächs ist eine Methode, die darin besteht, die wichtigsten Aussagen des Gesprächspartners, das heißt desjenigen der Rat sucht, mit anderen Worten wiederzugeben und ihm dadurch zu zeigen, dass man seine Ausführungen verstanden hat. Und wenn sich dann der Ratsuchende durch die Umformulierung verstanden fühlt, stellt sich eine erste Erleichterung ein, die die im Vorfeld aufgebaute Vertrauensbasis verfestigt. (Darauf komme ich später zurück) Je mehr der Ratsuchende sich verstanden fühlt, umso offener zeigt er sich im Gespräch.

Zudem ist gegenseitiges Vertrauen eine notwendige Grundlage, um die Beratungsarbeit (überhaupt) starten zu können. Man kann niemanden zwingen, sich einem anderen mitzuteilen; genauso kann man niemanden zwingen, jemandem zuzuhören, der einen Rat sucht. Der Ratsuchende wendet sich aus freien Stücken den Berater; der wiederum empfängt seinen Gesprächspartner ebenfalls aus freien Stücken.

Über die Umformulierung und das gegenseitige Vertrauen hinaus ist für den Ratsuchenden in einem Beratungsgespräch die Aufmerksamkeit wichtig, die der Berater ihm schenkt. Das setzt voraus, dass der Berater seine Bereitschaft zum Zuhören signalisiert. Er muss vermeiden, „das, was dieser Mann oder diese Frau zu sagen hat, die da einen Zuhörer suchen, in eine Kategorie von schon mal Gehörten *einordnen* zu wollen"[1]. Der Berater darf nicht über den anderen urteilen.

Welcher Herkunft er auch immer sein mag: Derjenige, der ein Beratungsgespräch sucht, das heißt der Ratsuchende, befindet sich gerade in einer Lebenskrise (einer direkten oder einer indirekten), oder aber er verspürt ein inneres Bedürfnis, „weiterzukommen" oder „erwachsener zu werden", das heißt einen Wunsch nach Entwicklung seines Charakters oder nach Erwachsensein. Somit muss der Ratsuchende im Zentrum jedes Beratungsgespräches stehen. All diese Ansätze finden sich sowohl in afrikanischen als auch in europäischen Beratungsgesprächen wieder. Die folgende Tabelle fasst die wichtigsten Punkte noch einmal zusammen:

---

[1] Maurice Bellet, L'écoute, Paris 2000, S. 14-15

Zusammenfassende Tabelle von übereinstimmenden Elementen in Beratungsgesprächen in Afrika und in Europa

Der oder die Ratsuchende(n)	Der Berater
- Vertrauensvolle Handlung	- Vertrauensvolle Haltung
- Sich öffnen	- Offen sein für den Dialog
- Keine Zwänge: Freiheit	- Keine Zwänge: Freiheit
- Krisensituation oder der Wunsch, sich weiterzuentwickeln	- Friedvolle, einladende Haltung
- Der Wunsch, ein offenes Ohr zu finden	- Bereitschaft zum Zuhören

Sowohl in Afrika als auch in Europa erfährt der Ratsuchende während eines Beratungsgesprächs eine psychologische Befriedigung: die nämlich, dass ihm zugehört und er im besten Fall auch verstanden wird; und der Berater zeigt sich entschlossen, dieser Erwartung des Ratsuchenden zu entsprechen. Zwangsläufig fallen jedoch auch einige, manchmal grundlegende Unterschiede auf, die zwischen der afrikanischen und der europäischen pädagogischen Tradition bestehen.

2. DIE PÄDAGOGISCHEN UNTERSCHIEDE IN EINEM BERATUNGSGESPRÄCH BEIM C.L.E.R. UND IN SÜD-TOGO

> *Wer einen anderen entdeckt, kann dadurch auch sich selbst besser kennen lernen.*

2.1. Die Umformulierung in einem Beratungsgespräch.

Die Umformulierung so wie sie oben definiert ist, ist von elementarer Bedeutung im Verhältnis zwischen Ratsuchendem und Berater, insofern als sie beiden Sicherheit gibt und so ein vertrauensvolleres und fruchtbareres Gespräch ermöglicht. Die Umformulierung gehört zwar zu den

Elementen, die in der afrikanischen wie der europäischen Gesellschaft
zu den Beratungsmethoden gehören, es sind jedoch auch wichtige pädagogische Unterschiede in deren Umsetzung zu beobachten.

Im C.L.E.R. findet die Umformulierung nach jedem wichtigen Teil der
Ausführungen des Ratsuchenden statt, während sie in der afrikanischen
Kultur vorzugsweise dann gemacht wird, wenn der Ratsuchende seine
Darstellung beendet hat. In Südtogo, genauer gesagt bei den Ewe, lässt
der Berater, wenn der Ratsuchende seine Ausführungen beendet hat,
noch einige Momente der Stille verstreichen, bevor er zu ihm sagt: „Sei-
en Sie willkommen". Es handelt sich hier um eine feststehende Formulierung, die nicht identisch ist mit dem Begrüßungswunsch „Ein gutes
Ankommen". Dieser erneute Willkommensgruß dient zur psychologischen Beruhigung des Ratsuchenden, von dem man davon ausgeht,
dass er aus der „Welt der Probleme" zurückgekehrt ist, ebenso wie man
jemanden willkommen heißt, der nach einer beschwerlichen und ermü-
denden Reise nach Hause kommt. Das Schweigen und die Konzentration des Beraters während der Erzählung des Ratsuchenden haben für
letzteren eine doppelte Bedeutung: Sie sind zunächst Ausdruck für die
Aufmerksamkeit, die ihm gewidmet wird; zudem wird deutlich, dass der
Berater das dargelegte Problem ernstnimmt.

Wenn im C.L.E.R. empfohlen wird, die Umformulierung nach jedem
wichtigen Teil der Darstellung des Ratsuchenden zu machen, so begründet sich das mit der Annahme, dass der Berater, der auf diese Art
und Weise die wichtigsten Punkte der Erzählung sofort herausfiltern
muss, nicht mit seinen Gedanken abschweift. Diese Umsetzung der
Umformulierungsmethode im C.L.E.R. kann in Südtogo leider als ein
Zeichen mangelnder Konzentration und Aufmerksamkeit seitens des
Beraters oder als Zeichen seiner Ungeduld aufgefasst werden. Dadurch
kann die anfangs hergestellte Vertrauensbasis gestört werden. Im Gegenzug könnte ein europäischer Ratsuchender wegen des kurzen Au-
genblicks des Schweigens, den der afrikanische Berater vor der Umformulierung einhält, den Eindruck gewinnen, dieser wisse nicht, was er
machen soll; wenn die Umformulierung gut ist, kann das den Ratsuchenden jedoch auch wieder beruhigen.

Es soll hier verdeutlicht werden, dass es Unterschiede darin gibt, welche Bedeutung es in der einen und in der anderen Gesellschaft hat,
wenn in einer zwischenmenschlichen Beziehung geschwiegen wird. Bei
den Europäern geht es darum, dass jeder seine eigenen Ideen klar äußert; denn man wird häufiger aufgrund seiner Gedanken, seiner Zeug-

nisse und aufgrund dessen, was ‚messbar' ist, bewertet und beurteilt. In der afrikanischen Denkweise hingegen ist Schweigen ein Zeichen von Weisheit. Wer schweigen kann oder gar sich zurückzuhalten kann, wer seine Gedanken nur dann formuliert, wenn es nötig ist, der ist auf dem besten Weg, die Weisheit zu erlangen und ist deswegen hochgeschätzt. Man entdeckt den anderen, wenn man mit ihm zusammenlebt und nicht in erster Linie durch das, was er sagt. Im afrikanischen Schweigen existiert eine Art „affektive Kommunikation". Man könnte sie sogar als schweigende Kommunikation bezeichnen. Zwar begegnet man in Europa Redensarten wie: „Reden ist Silber, Schweigen ist Gold", oder aber: „Wenn das, was du zu sagen hast, nicht schöner ist als das Schweigen, dann schweig!" In Bezug auf das Schweigen aber weisen Afrika und Europa unterschiedliche Grundtendenzen auf. Diese Erklärungen können ebenfalls die Haltung des Beraters und die Reaktionen des Ratsuchenden beider Gesellschaften erhellen.

2.2. Die Suche einer Problemlösung in einem Beratungsgespräch

Das C.L.E.R. vertritt die Meinung, dass der Berater in einem Beratungsgespräch dann und wirklich nur dann einen Lösungsvorschlag für das Problem des Ratsuchenden vorbringen darf, wenn letzterer explizit darum bittet. Das ist in der afrikanischen Mentalität anders.

Ein Afrikaner erzählt nur demjenigen von seinen Problemen, bei dem er davon ausgeht, dass er ihm direkt oder indirekt helfen wird, eine Lösung zu finden. Wenn jemand ein Problem beschreibt, so ist das eine implizite Bitte um Hilfe bei der Lösungssuche. Solange ein Afrikaner nicht das Gefühl hat, dass sich ein Ausweg aus seinen Problemen auftun wird, wenn er sie jemandem mitteilt, wird er sie lieber für sich behalten. Diese Vorstellung ist so *stark*, dass Ratsuchende sich beklagen können: „Ah! Dem habe ich von meinem Problem erzählt, und was hat er gemacht? Es war sinnlos! Wenn ich das gewusst hätte! ..." Das ist ein Ausdruck großer Enttäuschung.

Hinzu kommt, dass Verschwiegenheit für einen Afrikaner sehr wichtig ist, zumal im Bereich des Vertraulichen. Das macht seine Enttäuschung nur umso größer, wenn er das Gefühl hat, dass es sinnlos war, dass er jemandem ein Geheimnis mitgeteilt hat. Es ist für ihn wie ein persönlicher Verrat. Dieses Bedürfnis eines Afrikaners, seine Probleme geheim zu halten, ist vergleichbar mit dem Bestreben eines jeden Europäers, seine Geheimzahl bei der Bank niemandem zu verraten. Seine Geheimzahl teilt ein Europäer nur im äußersten Notfall mit, zum Beispiel seinem Kundenberater bei der Bank. Denn wessen Privatleben nach außen gekehrt wurde, dem gebührt wenig Achtung. Aber Achtung und Ehre sind – wie wir später noch sehen werden – in Afrika von großer Bedeutung.

Man muss beachten, dass viele Europäer leicht fast jedem Menschen, der sich bereit zeigt ihnen zuzuhören, von ihren Problemen erzählen. Verschiedene Hypothesen sind als Grund für dieses Phänomen plausibel. Manche denken, dass die Massenmedien dabei eine nicht zu unterschätzende Rolle spielen. Das ist zum Beispiel die Meinung von Nina, einer Studentin in Kommunikationswissenschaft, die davon ausgeht, dass bestimmte Sendungen, in denen Gäste ihr persönliches Leben oder das ihrer Familie erzählen, dazu beitragen, dass die Bevölkerung und vor allem der jugendliche Teil der Bevölkerung sich mit ihnen identifiziert und das Verhalten zur Mode-Erscheinung wird. Andere erklären das besagte Phänomen mit dem Stress, der das Alltagsleben in Europa bestimmt; von seinen Problemen zu erzählen bedeutet hier, sich zumindest teilweise einer Last zu entledigen. Wieder andere schreiben den Grund dieses Phänomens dem Individualismus zu. Der Individualismus führt in der Tat dazu, dass die Menschen ihren Mitmenschen wenig Beachtung schenken, und derjenige, der ein Problem hat, schätzt sich schon glücklich, wenn er jemanden findet, der ihm wenigstens zuhört.

In Afrika sind diese Faktoren (Stress und Individualismus) von viel geringerer Bedeutung. Das soziale Leben ist geprägt vom Familiensinn und der Geborgenheit familiärer Gemeinschaft. Wir sprechen hier natürlich von Großfamilien mitsamt den Großeltern und deren Nachkommen, den Tanten, den Onkel und deren Kindern ... Mehr noch: Ein Dorf lebt wie eine große Familie rund um das Dorfoberhaupt; jeder kennt jeden und jeder nimmt sich der Probleme der anderen an. Pazzi bestätigt dies in seinem Artikel *Die Elemente der Kosmologie und der Anthropologie éwé, adja, gen, fon:*

> In der Dorfgemeinschaft geht die traditionelle Gesellschaft auf. Sie gründet sich auf ein Gemeinschaftsabkommen zwischen unterschiedlichen Clans, von denen jeder sein eigenes Viertel hat. Zwischen den Vierteln gibt es Wetteifer und normalerweise Zusammenarbeit.
>
> Innerhalb der einzelnen Viertel unterstehen die Familien, die von denselben Vorfahren abstammen, den gleichen Verboten, und die Solidarität unter ihnen wird dadurch begünstigt, dass sie den anderen Clans gegenüber gemeinsame Interessen zu ver-

teidigen haben. Gleichzeitig bemühen sie sich um Eheschließungen mit Mitgliedern aus anderen Vierteln, da sie überzeugt
sind, dass eine Ausweitung dieser Beziehungen eine Friedens-
basis darstellt.[5]

Es gibt noch etwas, das im Rahmen der Kommunikation zwischen dem
Afrikaner und dem Europäer schockiert. Wenn ich z.B. einen Europäer
in seinem Büro oder bei ihm zu Hause anrufe und er den Grund meines
Anrufs erahnt, so fängt er oft sofort an zu sprechen, ohne mir Zeit zu
lassen, meine Anfrage zuerst zu formulieren. Dieses Phänomen tritt
häufig auf, nicht nur am Telefon sondern auch bei einem Besuch im
Büro. Einem Europäer erscheint das vielleicht normal, es schockiert
jedoch die meisten Afrikaner. In der afrikanischen Tradition geht man
anders vor. Man lässt zunächst den Gast oder den Gesprächspartner
am Telefon sprechen. Beim afrikanischen Alten oder Berater ist dieses
Verhalten noch systematischer zu beobachten. Letzterer hält sich an
das Sprichwort: „Auch wenn man meint, etwas schon zu wissen, fragt
man doch noch mal nach." Explizit besagt dieses Sprichwort: „Obwohl
ich schon weiß oder vermute, warum sie kommen bzw. anrufen, frage
ich Sie trotzdem, warum Sie zu mir gekommen sind."[1] Der Afrikaner
geht in der Tat vorsichtig vor, denn er geht davon aus, es könnten neue
Elemente hinzugekommen sein, die ihm unbekannt sind. Aus diesem
Grund lässt er vorzugsweise den Ratsuchenden zuerst über seine Lage
Bericht erstatten. Das erlaubt dem Berater, das Problem genau zu dia-
gnostisieren, um entsprechende Lösungen vorzuschlagen. Man kann
insgesamt sagen, dass die direkte oder indirekte Lösungssuche in einem Beratungsgespräch der afrikanischen Mentalität notwendig inne-
wohnt. Aber wie reagiert ein Berater, wenn ein Ratsuchender so außer
sich ist, dass er zu weinen beginnt?

2.3. Weinen in einem Beratungsgespräch

Im Bezug auf das Weinen in einem Beratungsgespräch ist eine vergleichende Analyse der beiden pädagogischen Traditionen schwieriger. Im
C.L.E.R. ist man der Auffassung, dass der Berater den Ratsuchenden
weinen lassen muss, wenn letzterer diesen emotionalen Zustand erreicht. Das C.L.E.R. sieht im Weinen des Ratsuchenden einen Ausdruck
von Gefühlen, die niemand unterbinden darf; man spricht dem Weinen

---

[1] Ich übertrage hier so den schwer übersetzbaren Ewe-Ausdruck „wo nya na vo
tsa, wo bia na".

einen befreienden und therapeutischen Effekt zu. In der afrikanischen Mentalität ist Weinen, je nach Situation, ein Ausdruck des Mitleids, der Trauer oder gar der Freude, der Schwäche ... Die früher auch in einigen Regionen Europas verbreitete Auffassung, dass Weinen ein Zeichen von Schwäche ist, ist in Afrika sehr bedeutsam. Hat in Afrika jemand große Schmerzen, so wird man ihm sagen: „Sei stark! Wein nicht!"; dem kleinen Jungen, zum Beispiel, der hinfällt und weinen will, wird man sagen: „ein Mann (Sinnbild für eine starke Persönlichkeit) weint nicht!" So kommt es auch, dass unter anderem bei Beerdigungen die Frauen viel offener weinen als die Männer. Man muss hinzufügen, dass einige von ihnen Fieber bekommen haben, weil sie bei Beerdigungen so viel geweint haben. Denn das Weinen der Afrikaner ist leidenschaftlich und emotionsgeladen. Somit ist ein Berater in Afrika bei einem weinenden Ratsuchenden eher dazu angehalten, ihn zu trösten als ihn weinen zu lassen.

Es geht nicht darum, die mögliche therapeutische Wirkung von Weinen in einem Beratungsgespräch anzuzweifeln. Aber die Schwierigkeit besteht darin herauszufinden, ob diese Therapie den gewünschten Effekt haben kann bei jemandem (zum Beispiel einem Afrikaner), der seit seiner frühesten Kindheit mit dem Gedanken aufgewachsen ist, dass Weinen ein Zeichen von Schwäche oder gar von Misserfolg ist.

Die pädagogische Vorgehensweise des C.L.E.R., nämlich den Ratsuchenden weinen zu lassen, könnte in einem afrikanischen Umfeld nur dann eine positive Wirkung haben, wenn sie von dem Berater methodisch erklärt wird. Sonst ist zu befürchten, dass der Ratsuchende aus diesem Kulturkreis den Eindruck gewinnt, dass der Berater sich nicht genug dafür eingesetzt hat, seinen Schmerz zu lindern. Das wäre eine fatale Wendung für die weitere Aufgabe des Beraters. Einige Afrikaner haben zwar die befreiende Wirkung des Weinens erkannt, halten es jedoch auch für notwendig, vom Berater getröstet und beruhigt zu werden. Dadurch fühlt sich der Ratsuchende mit der Last seiner Probleme nicht alleine oder gar verlassen. Es besteht in Afrika eine starke Verbindung zwischen der Einzelperson und der Gemeinschaft. Das bringt mit sich, dass jeder vom anderen gegenseitiges Vertrauen erwartet. Wie sind all diese Merkmale zu verstehen?

Zweiter Teil: **Zum Verständnis der afrikanischen Mentalität**

*Für sozialen Frieden sind
die Kenntnis seiner Selbst und
das Verständnis des anderen unerlässlich.*

Es sollen nun ausgehend von mehreren Umfragen (siehe Anhang) einige allgemeine Erklärungen zur afrikanischen Mentalität gegeben werden, um die oben gemachten Aussagen zu bekräftigen, vor allem in
Bezug auf die pädagogischen Unterschiede zwischen der europäischen
und der afrikanischen Mentalität. Es geht nicht darum, die afrikanische
Welt der westlichen Welt gegenüberzustellen, sondern darum, Erklärungen zu geben, die das Zusammenleben der beiden Kulturen einfa-
cher gestalten können.

3. EINIGE GEBÄUCHLICHE AUSDRÜCKE

3.1. Der Afrikaner und der Europäer

Wenn hier von *dem Afrikaner* die Rede ist, dann ist damit trotz der kulturellen Verschiedenheiten innerhalb Afrikas eine *allgemeine Tendenz*
gemeint. Cheikh Anta Diop spricht von einer „tief verwurzelten kulturellen Einheit, die unter der äußerlichen Vielfalt lebendig geblieben ist."[1]
Aufgrund diverser Vermischungen, Wandlungen und Veränderungen
der Völker sowie aus sozialen, wirtschaftlichen, politischen, kulturellen
und/oder religiösen Gründen gibt es keine *reine afrikanische Kultur*. Es
muss deshalb betont werden, dass hier eine *allgemeine Tendenz* behandelt wird, und es wird unterstrichen, dass es um Afrikaner geht, die
in der afrikanischen Tradition aufgewachsen sind (ohne sich dabei natürlich anderen Kulturen gegenüber zu verschließen). Es genügt nicht,
die sogenannte schwarze Haut zu haben, um die afrikanische, kulturelle
Identität zu haben, von der hier die Rede ist. Denn sehr viele Afrikaner
sind in den großen Städten Afrikas oder in Europa geboren und aufgewachsen und wissen wenig über die Hintergründe der afrikanischen
Traditionen. Bei ihnen vermischen sich Erlebnisse aus den Städten mit
Phänomenen der ursprünglichen afrikanischen Tradition; viele Städte
sind aber nur leicht veränderte Abbilder europäischer Städte und sind
nur Mischungen oder kulturelle Einheitsprodukte. Somit sind sie keine
Referenz für die kulturelle Identität Afrikas. Einige dieser Stadt-Afrikaner
vertreten in ihrer Faszination westlicher Technologien eine Position, die
manchmal einer Geringschätzung ihrer Tradition gleichkommt. Hinzu
kommt, dass viele Afrikaner unter dem Einfluss der Kolonialisierung,

---

[1] Cheikh Anta Diop. L'unité culturelle de l'Afrique noire, Présence Africaine,
Paris 1982. S. 7.

teilweise der Schulbildung und der traditionellen Christianisierung (d.h. von vor dem Zweiten Vatikankonzil) – ohne es zu merken – die westliche Kultur verteidigen, und zwar auf Kosten und ohne Rücksichtnahme auf ihre ureigene Kultur. Das verkompliziert die Gegebenheiten zusätzlich. Um eine geographische Eingrenzung vorzunehmen, wird Nordafrika in dieser Arbeit wenig in die Betrachtungen einbezogen, da die dortige Kultur unter arabischen Einflüssen andere kulturelle Charakteristika aufweist.

Mit dem *Europäer* wird hier ebenso eine allgemeine Tendenz bezeichnet, diesmal der industrialisierten Welt Mittel- und Westeuropas. Diese Tendenz besteht vermutlich auch in anderen Industrienationen wie den Vereinigten Staaten, Kanada und Australien. Zwischen diesen Ländern und Kontinenten bestehen einige kulturelle Unterschiede, aber es geht auch hier darum, die *allgemeine Tendenz* zu unterstreichen, die sie ausmacht.

Mit der Bezeichnung „Afrikaner" oder „Europäer" ist eine *allgemeine Tendenz* gemeint; es ist ein *System*, ein *Denkmuster*, eine *Lebensweise*. Es wäre übertrieben, jeden Afrikaner oder Europäer in fertige Schubladen einordnen zu wollen wie in das Prokustes-Bett.

3.2. Die Alten

Jede Gesellschaft besteht aus Mitgliedern aller Altersgruppen. Die alten Menschen werden jedoch in der afrikanischen und der europäischen Kultur nicht gleich behandelt. In den afrikanischen Ländern sind es vor allem alte Menschen, genannt „die Alten", die Beratungsgespräche durchführen. Die Alten sind genauso alte Mensche wie sie es in Europa sind, aber sie repräsentieren die Quelle der Weisheit und der Lebenserfahrung. Und da mündliche Überlieferung in Afrika wesentlich verbreiteter ist als schriftliche, ist die Öffentlichkeit auch der Auffassung von Amadou Hampâté Bâ: „Wenn ein Alter stirbt, ist das, wie wenn eine Bibliothek verbrennt." So wendet man sich, bevor wichtige Entscheidungen gefällt werden, mit den schwierigen Problemen an die Alten.

Im Gegensatz dazu werden alte Menschen in der Europa häufig als unnütz angesehen, als veraltet und unmodern, oder sogar als Menschen, die zur Last fallen, und man sieht wenig Veranlassung, sich wegen der Entscheidungen im Leben an sie zu wenden. In der europäischen Gesellschaft ist modern, wer immer auf dem neusten Stand der

Technologien ist.[1] In einer etwas überzogenen Darstellung kann man zum Beispiel sagen, dass ein junger Europäer von einem alten Menschen nichts erwartet, weil der ihm nicht beibringen kann, wie man mit einem Computer arbeitet. Kurz, Ausdrücke wie „Alte" und „graue Haare" sind in Afrika Zeichen tiefen Respekts, während sie in Europa fast eine Beleidigung sind. Der Gedanke, der hinter Ausdrücken wie „altes Auto" oder „alter Kasten" etc. steckt, hat natürlich psychologische Auswirkungen auf unsere Beziehungen zu alten Menschen in der europäischen Gesellschaft. Wir ziehen es vor „alte Menschen" zu sagen als „Alte". In einigen Familien und Gesellschaftsschichten Europas gibt es eine Sensibilität für den Respekt alten Menschen gegenüber. Aber die Tendenz der sogenannten Moderne unterscheidet sich von der Afrikas. Als fast unumgängliche Referenz betrachtet, sind die Alten in Afrika somit Garanten für Tradition und Erziehung. In diesem Zusammenhang wird das Dorfoberhaupt für einen Alten gehalten, wie Agbetiafa es bestätigt: „Wie jung er auch sein mag und wie es auch sozial und wirtschaftlich um ihn bestellt sein mag, das Oberhaupt eines Kantons oder eines Dorfes wird öffentlich oder privat vom Togbi (das heißt „Großvater") bestellt."[2] Das Dorfoberhaupt repräsentiert die Einheit des in mehrere Viertel unterteilten Dorfes; er ist Garant für Tradition. Agbetiafa fügt noch hinzu, dass „mit dem Begriff *togbi* bei den Ewe allgemein alte, noch lebende Menschen bezeichnet werden, oder aber die angesehenen, gewohnheitsmäßigen Chefs, die die Tradition verkörpern und moralische Integrität, wirtschaftliche und religiöse Macht garantieren."[3] In der afrikanischen Mentalität bezeichnen Begriffe wie „alt", „angesehen" und „weise" in den meisten Fällen das Gleiche oder sie flößen zumindest den gleichen Respekt ein. Trotz der unterschiedlichen sprachlichen Konzepte finden sich unabhängig von Sprache und Umfeld überall in Afrika Ausdrücke wieder, die Ähnliches bezeichnen. Einige Beispiele:

---

[1] Einige gedankliche Strömungen verstehen natürlich „die Öffnung anderer Kulturen gegenüber" als Bestandteil des Modernitätsbegriffes, aber dieser Gedanke muss sich insgesamt erst noch etablieren.

[2] Komla Agbetiafa, Les ancêtres et nous, Les Nouvelles Editions Africaines, Lomé 1985, S. 41. Der Begriff „togbi" oder „togbui", der „Großvater" heißt, wird oft verfälschender Weise mit „Alter" auf Französisch übersetzt und ruft die europäische Denkweise ab. Die Bedeutung des Begriffes „Großvater" wird im Abschnitt zur Familie deutlich.

[3] Komla Agbetiafa, opus cit., S. 41.

- „Mzee" bedeutet „alt" auf ‚Suaheli', gesprochen in Burundi, Kenia, in der Demokratischen Republik Kongo und in Tansania;

- „Koko" oder „Mpaka" in der Sprache ‚Lingala', die in Angola, Zentralafrika, Kongo-Brazzaville und in der Demokratischen Republik Kongo gesprochen wird;

- „Issié" in der Sprache ‚Fan' in Kamerun, Gabun und Äquatorialguinea;

- „Nana" in der ‚Ashanti'-Sprache in Ghana;

- „Ogourié" in der Sprache ‚Zaghawa', gesprochen im Sudan, im Tschad etc.

3.3. Die Familie

Die Familie ist die kleinste soziale Einheit jeder menschlichen Gesellschaft. So erstaunlich das jedoch auch erscheinen mag, das Familienbild in Afrika und in Europa ist jedoch nicht das gleiche.

Die traditionelle Mentalität

Die erste Unterscheidung, die man vornehmen kann, ist die der Kleinfamilie, die die Industrialisierung in der Europa hervorgebracht hat. Vor der industriellen Revolution war auch in Europa die Familie verbreitet, die weiter gefasst auch die Großeltern integrierte, so wie es heute in Afrika noch der Fall ist. Das ist die Familie, wie man sie im traditionellen Sinne versteht. Die Industrialisierung führte dann im Westen dazu, dass sich die Familien verkleinerten: Vater, Mutter und (im Durchschnitt zwei) Kinder. Eine Familie, die mehr als drei Kinder hat, wird als „kinderreiche Familie" angesehen. In Afrika gehören zur Familie noch immer Onkel, Tanten, Großeltern, Cousins. Letztere werden als Brüder angesehen.

Sprachliche Elemente

Eine zweite Unterscheidung ist die sprachliche in der Bezeichnung der Familienmitglieder. In den afrikanischen Ländern südlich der Sahara werden die Bezeichnungen ‚Onkel' und ‚Tante' nur im Bezug auf den Vater und die Mutter definiert und verstanden. Bei den Ewe in Ghana und Togo zum Beispiel:

- der Begriff ,Vater' wird mit „tó" bezeichnet;

- der Onkel väterlicherseits wird „tógâ" genannt, was so viel bedeutet wie „der Vater, der ältere" oder „tódé", was bedeutet: „der Vater, der jüngere";

- die Mutter wird mit „nó" bezeichnet;

- die Tante mütterlicherseits wird „nógâ" genannt, was so viel heißt wie: „die Mutter, die ältere" oder „nódé", was bedeutet: „die Mutter, die jüngere".

Der Onkel wird im Bezug auf den Vater benannt und die Tante im Bezug auf die Mutter. Dieses Denkmuster führt dazu, dass die Töchter und Söhne des „Vaters, des jüngeren" oder des „Vaters, des älteren" (also des Onkels) und die der „Mutter, der jüngeren" oder der „Mutter, der älteren" (also der Tante) nicht „Cousine" oder „Cousin" genannt werden, sondern „Schwester" und „Bruder", denn ihre Eltern werden nicht als Tanten und Onkel angesehen sondern als Väter und Mütter. Und das findet man in nahezu allen afrikanischen Sprachen südlich der Sahara so wie in Madagaskar wieder. Dieses Konzept kommt weder in der europäischen Mentalität noch in den Sprachen vor. Es geht hier nicht um ein einfaches philanthropisches Gefühl, das einen Menschen dazu bringt, jeden Menschen als seinen Bruder zu betrachten. Im Afrika südlich der Sahara wird selbst die Schwester des Großvaters „Großmutter" genannt und der Bruder der Großmutter „Großvater"; in Europa hingegen heißen sie „Großtante" bzw. „Großonkel".

Aus dieser Analyse, die die kulturelle Einheit Afrikas südlich der Sahara bestätigt, ergibt sich die Frage, woher die dort heimischen Völker diesen Familienbegriff übernommen haben können, der tiefer geht und weiter gefasst ist als die traditionelle Mentalität es kennt, und der sich in den Sprachen widerspiegelt. Sollte es reiner Zufall sein oder haben die Völker ihn von gemeinsamen Vorfahren geerbt?

Berufung auf das alte Ägypten

Ägyptologische Forschungen haben ergeben, dass die afrikanischen Völker aus dem Alten Ägypten stammen. So schreibt Fauvelle-Aymar: „ Alle oder fast alle Spezialisten sprechen heute ohne zu zögern der ägyptischen Zivilisation eine afrikanische Dimension zu oder sie halten diese Verbindung zumindest für wahrscheinlich."[1] Wenn man die ägypti-

---

[1] François-Xavier Fauvelle-Aymar, Afrocentrismes, Karthala, 2000, S. 31.

sche Sprache zur Zeit der Pharaonen, also die Hieroglyphen untersucht, so stößt man auf Folgendes:

- Der Begriff „mwt" bezeichnet: Mutter, Großmutter, Schwiegermutter ...
- Der Begriff „jt" bezeichnet: Vater, Großvater, Schwiegervater ...
- „sn" bedeutet Bruder, Cousin, Schwager ...
- „sn.t" bedeutet Schwester, Cousine, Schwägerin ...
- Der Onkel (der Bruder des Vaters) wird durch die Zusammensetzung der Wörter für ‚Bruder' und ‚Vater' benannt: „sn jt";
- Die Tante (die Schwester der Mutter) wird auch ausgehend von den Wörtern für ‚Schwester' und ‚Mutter' benannt: „snt nt mwt".[1]

So findet man also das Wort ‚Mutter' in der Bezeichnung für ‚Tante' (mütterlicherseits) wieder und das Wort ‚Vater' in der Bezeichnung für ‚Onkel' (väterlicherseits). Damit scheint der Bezug zwischen den ägyptischen Hieroglyphen und den meisten afrikanischen Sprachen hergestellt. Zudem fällt die Übereinstimmung in der Bezeichnung des ‚Cousins' als ‚Bruder' auf. Man kann somit die These aufstellen, dass die afrikanischen Völker ihren Familienbegriff aus dem Alten Ägypten übernommen haben, das somit ihr gemeinsamer Ursprung wäre. Selbst wenn sich herausstellen sollte, dass die afrikanische Vorstellung nicht aus dem Alten Ägypten stammt, ist die soziologisch-familiäre Situation in Afrika dennoch wie beschrieben.

Es ist schwierig, den afrikanischen Familienbegriff im europäischen System wiederzufinden, wo Individualismus und Privateigentum sehr verbreitet sind. In Europa wird Elternschaft grundsätzlich nur vom Standpunkt der biologischen Verbindung betrachtet; gibt es einen Ausnahmefall, wie zum Beispiel bei einer Adoption, so wäre es nicht möglich, gleichzeitig mehr als einen Vater oder mehr als eine Mutter zu haben. Possessivpronomen wie „mein" und „meine" haben in Europa eine fast ausschließlich individualistische Bedeutung, während sie in Afrika eine Zugehörigkeit zu der Gemeinschaft signalisieren. Beide Gesellschaften gestehen ihren Bürgern Besitz- und Privateigentumsrechte zu, aber in Europa ist das Gebrauchsrecht ein individuelles, während es in Afrika ein gemeinschaftliches ist. In Afrika können zum Beispiel die Familienmitglieder des Schwiegersohnes dessen Eigentum nutzen, aber

---

[1] Detlef Franke, in: Redfort, Danald, The oxford Encyclopedia of Ancient Egypt, II, 2001, S. 245.

sie können es nicht vererben. In diesem Denkmuster haben das Gebrauchsrecht am Eigentum der Großfamilie sowie der Begriff der Mutterschaft oder der Vaterschaft eine weiter gefasste Bedeutung als in Europa. Deshalb kann der Bruder meines Vaters auch mein Vater sein und kann immer noch von meinem (leiblichen) Vater unterschieden werden. Ein Beobachter, der wenig über den afrikanischen Familienbegriff weiß, würde sich auf oberflächliche Erklärungen beschränken.

3.4. Die Erziehung

In Afrika findet im täglichen Leben die sogenannte verteilte Erziehung statt. Daher auch die Notwendigkeit, dass die alten Menschen in diesem Leben auftauchen, da sie entsprechend der Gegebenheiten und Ereignisse im Alltag ihr „Weisheits-Erbe" vermachen. Die Erziehung (Bildung) in Europa findet in systematischer Weise statt, was auch die Schulen mit ihrem systematischen Ansatz erklärt. Die afrikanische Erziehung hat ihre eigene, natürliche Struktur und entwickelt sich im Rhythmus der Natur. Daher kommt es übrigens auch, dass besonders intelligente junge Menschen viel früher Zusammenkünften beiwohnen und bei Entscheidungsfindungen der Alten mitwirken.

Der Familienbegriff in Afrika schreibt den Tanten und Onkel in der Erziehung der Kinder großen Einfluss zu. Darum könnte auch der (leibliche) Vater ohne große Sorge um seine Kinder verreisen, da die Tanten und Onkel, die ihrerseits auch Eltern sind, ein Aufsichts- bzw. sogar ein einflussnehmendes Recht in der Erziehung der Kinder haben. Dieses Aufsichtsrecht würde von einem Europäer als „Einmischen" empfunden.

3.5. Die Hierarchie

Abgesehen von den Menschen, die sozio-politische Institutionen verkörpern, ist die klassische hierarchische Struktur in Afrika automatisch auf dem Alter begründet. Sei es in der Familie oder in einer Gruppe, es ist der Älteste, der, nachdem er eigentlich die Jüngeren angehört haben sollte, das Entscheidungsrecht besitzt. Das Alter spielt zwar in Europa in einigen Fällen eine ähnliche Rolle, in Afrika ist aber die Herrschaft der Alten der Normalfall. Dieses System bringt es *de facto* mit sich, dass bestimmte Verhaltensweisen und Redewendungen benötigt werden, mit denen man sich an die Ältesten wendet. Man darf hier nicht den Fehler machen, die Herrschaft der Alten mit europäischen Augen zu sehen. Hier wird die Herrschaft der Alten durchbrochen zum Nutzen junger

Menschen die besonders intelligent sind oder die sich wie Weise verhalten. Denn der Alte verdient seinen Respekt, indem er sich wie ein Weiser oder wie eine Autoritätsperson verhält.

Verliert ein Alter die Achtung der anderen, so ist das für ihn schwerwiegender als eine schlimme Krankheit. Daher kommt es auch, dass ein Jüngerer einen Älteren schnell zur Ordnung ruft, wenn der von seinem Altersstatus profitiert, um den Jüngeren regelmäßig auszunutzen. Dann kann man zum Beispiel hören: „Du bist alt; respektier dich!" oder auch: „Respektier dein Alter!" etc. Die Herrschaft der Alten in Afrika ist kein Freifahrtschein für die Älteren für irgendwelche Ausschweifungen und weniger noch für Schlampereien.

Aus europäischer Sicht betrachtet, scheint die afrikanische Hierarchie, die sich am Alter orientiert, entwicklungshemmend. Das würde den schwierigeren Generationskonflikt zwischen der Jugend, die eine Schulbildung genießt, und den Alten erklären, den es sogar in einigen Dörfern gibt. Viele junge Menschen sind durch den regelmäßigen Kontakt mit europäischem Gedankengut, durch die Massenmedien etc. davon enttäuscht, wie die alten Menschen in traditioneller Weise mit kulturellen Aspekten umgehen, die den jungen Menschen überholt erscheinen. Weil die moderne Welt Schnelligkeit durch die Technologie erzeugt, ruft sie auch bei der Jugend eine ungeduldige Haltung hervor. Die jungen Menschen sind der Kunst des Wartens kaum mehr fähig. Daher rührt auch die Ungeduld den „zeitraubenden" Riten der Alten gegenüber. Letztere haben gelernt, im relativ langsamen Rhythmus der Natur zu leben.

3.6. Die Zeit eines Beratungsgesprächs

Es gibt keinen genau festgelegten Zeitpunkt für ein Beratungsgespräch, aber im Allgemeinen findet es in Afrika häufig sehr früh am Morgen oder besser noch in der Morgendämmerung statt. Dann ist der Geist noch frisch und kann sich besser mit den Problemen auseinandersetzen. Der Morgen oder die Morgendämmerung sind auch Zeitpunkte, an denen zwischenmenschliche Konflikte gelöst werden sollten. Ein Beratungsgespräch kann auch manchmal am Abend, bei Einbruch der Dunkelheit stattfinden.

Aufgrund der Arbeitszeiten haben die Europäer meistens am Nachmittag Zeit. Der Nachmittag bietet sich in Europa am ehesten an; andere Zeitpunkte sind aber je nach den Möglichkeiten von Berater und Ratsuchendem nicht auszuschließen. In Afrika hingegen ist der Nachmittag aufgrund der großen Hitze kein idealer Moment; außerdem sind viele Afrikaner am Nachmittag mit ihren täglichen Aufgaben beschäftigt.

4. ZUM VERSTÄNDNIS DER AFIKANISCHEN MENTALITÄT IN IH-RER GESAMTHEIT

Es soll nun darum gehen, einige *grundsätzliche Beobachtungen* festzuhalten, die für das Verständnis der afrikanischen Mentalität in ihrer Gesamtheit notwendig sind. Im Gegensatz zu dem bisher anerkannten Konzept über die afrikanische Mentalität wird sie hier ebenfalls in ihrer spezifischen Besonderheit konzeptualisiert.

4.1. Die klassische Vorstellung: individualistische Denkweise und kollektive Denkweise

Der klassischen Vorstellung[1] zufolge wird der westlichen Welt die „individualistische Denkweise" und der restlichen nicht-westlichen Welt die „kollektive Denkweise" zugeordnet. Diese „individualistische Denkweise" führt in der Tat zum Aufbau einer Gesellschaft von Individualisten. Das „Ich" oder das Individuum sind im Westen von größter Bedeutung. Selbstbestätigung kommt in der Bestätigung des Individuums zum Ausdruck. Von Kindesbeinen an wird der Mensch aus dem Abendland dazu erzogen, seine Individualität zum Ausdruck zu bringen, indem er seine eigenen Wünsche und seinen Standpunkt äußert, selbst wenn er von dem der Mitmenschen abweicht. Dadurch lernt er, sich vom Gruppen- oder Sozialzwang zu emanzipieren. Die kleinste soziale Einheit der Gesellschaft, die Familie, ist auf ihre einfachste Form reduziert: Mutter, Vater, Kinder. Jeder denkt zunächst einmal an sich, der Staat und die Vereine nehmen sich der Gesellschaft und der sozialen Dimension an. So werden Konkurrenzdenken und Wettbewerb in der Gesellschaft gefördert und die Forschung und technologische Entwicklung wird schnell vorangetrieben.

---

[1] Besagte klassische Vorstellung wird von der westlichen Welt festgelegt. Vgl. Hofstede Geert, Lokales Denken, globales Handeln, 2. Aufl., München 2001, S. 63-103. Vgl. noch dazu: „Kollektivismus und Individualismus" in: Ulrike Kéré, Westafrika, Informationen für binationale Paare, Brandes, Frankfurt 2001, S. 68-73.

Jede Gesellschaft, die nicht in dieses Konzept der individualistischen Denkweise passt, wird hingegen als Gesellschaft der „kollektiven Denkweise" eingestuft. Und was die kollektive Denkweise ausmacht, ist die Kollektivität. In einer Gesellschaft, in der die kollektivistische Denkweise vorherrscht, hat die Kollektivität oder die Gemeinschaft Vorrang. Das Individuum existiert nicht wirklich; man könnte sogar soweit gehen zu sagen, dass die Kollektivität ein Rechtssubjekt ist. Die Mitglieder einer solchen Gesellschaft werden schon als Kinder dazu erzogen, ihre persönlichen Wünsche denen der Allgemeinheit unterzuordnen, sich selber zu opfern, damit die Gemeinschaft bestehen kann. Im Gegensatz zu den individualistischen Gesellschaften, in denen der Einzelne sich durch Selbstbestätigung bewähren muss, sind die Mitglieder einer sogenannten kollektivistischen Gesellschaft angehalten, sich selber für das Weiterkommen der Gemeinschaft aufzugeben.

Da in den gesellschaftlichen Gegebenheiten in Afrika, in arabischen Ländern und im Orient nicht die individualistische Denkweise vorherrscht, schreibt man ihnen automatisch die kollektivistische Denkweise zu. Es stellt sich aber die Frage, *ob die Mentalität der Länder im subsaharischen Afrika damit bis in ihre Tiefen erfasst ist* und ob sie sich wirklich in dieser klassischen Einteilung wiederfindet. Der strukturelle Aufbau der Gesellschaft eines afrikanischen Landes unterscheidet sich zum Beispiel von dem einer arabischen Gesellschaft. Wenn aber die Mentalität im Afrika südlich der Sahara weder individualistisch noch kollektivistisch ist, wie stellt sie sich dann dar?

4.2. Das afrikanische „Wir"

> *Leben! Wie ein Baum,*
> *einzeln und frei*
> *und brüderlich wie ein Wald.*
> *Das ist unsere Sehnsucht.* (Nazim Hikmet).

4.2.1. Die afrikanische Mentalität in ihrer Gesamtheit

Man kann die afrikanische Mentalität nur dann wirklich verstehen, wenn man sie in ihrer Gesamtheit betrachtet. Keine Herangehensweise an die Mentalität ist so gefährlich wie die, einzelne traditionelle Tatsachen oder Phänomene isoliert zu untersuchen. Viele – mehr oder weniger der Wahrheit entsprechende – Erklärungen sind für Einzelphänomene der Tradition denkbar, aber ein wirkliches Verständnis, mithilfe dessen den

Afrikanern langfristig geholfen werden kann, ist nur möglich, solange es alles in die Mentalität als Gesamtheit einbettet. Was bedeutet hier der Ausdruck „die afrikanische Mentalität in ihrer Gesamtheit"? Die Gesamtheit, die die afrikanische Mentalität ausmacht, hat zwei Bedeutungen:

Ein erstes Verständnis bescheinigt den gesellschaftlichen Strukturen der afrikanischen Länder südlich der Sahara grundlegende Ähnlichkeit, und zwar trotz des äußeren Anscheins der Verschiedenartigkeit. Cheikh Anta Diop spricht von „kulturellen Charakteristika, die allen Afrikanern gemein sind, vom Familienleben über die ideologische Suprastruktur, die Erfolge, die Misserfolge und die technischen Rückschläge bis hin zur Staatsebene."[1] Es geht hier nicht darum, die kulturelle Vielschichtigkeit Afrikas zu leugnen; eine Vielschichtigkeit, die von den anglophonen und frankophonen Einflüssen verstärkt wurden. Aber über diese offensichtlichen und greifbaren Unterschiede hinaus soll die grundlegende kulturelle Ähnlichkeit unterstrichen werden (die sich natürlich in den jeder Region eigenen Gegebenheiten weiterentwickelt). Die anglophonen und frankophonen Einflüsse haben die Unterschiede verstärkt, ohne jedoch die zugrundeliegende Ähnlichkeit aufzuheben. Manche, die besonders fixiert sind auf die unterschiedlichen Kulturen Afrikas, fragen sich, ob man von der afrikanischen Kultur oder von den afrikanischen Kulturen sprechen sollte. Das eine schließt das andere nicht aus. Denn die Verschiedenartigkeit zeugt vom Reichtum der Einheit. Nur weil in Großbritannien Linksfahrgebot herrscht, verliert es noch nicht seine Mitgliedschaft in der Europäischen Union. In einer Familie hat jeder seinen eigenen Charakter, aber deshalb verleugnet noch keins der Familienmitglieder seine Familienzugehörigkeit. Das Bild eines Baumes mag das verdeutlichen.

Wenn man einen Baum betrachtet, so sieht man viele verschiedene Farben: die Blätter sind grün, der Stamm grau, die Wurzeln schwarz oder dunkelgrau und auch die Früchte haben manchmal eine andere Farbe als die Blätter. Wenn man die einzelnen Bestandteile eines Baumes getrennt voneinander betrachtet, deutet nichts auf ihre Zusammengehörigkeit hin.

Man könnte logischerweise und genauso oberflächlich behaupten, dass die grünen Blätter nichts mit den schwarzen Wurzeln gemein haben. Aber wie lange könnten die Blätter denn ohne die Wurzeln überleben?

---

[1] Op. cit. , S. 7.

Ist es nicht die Ganzheit, die den Baum ausmacht? Sogar die Biologen geben an, dass unter den Tausenden von Blättern, die ein Baum trägt, nie eins mit einem anderen identisch ist. Und dennoch wird man sie nicht wie Blätter anderer Bäume benennen. Ein Vergleich ist natürlich keine Begründung; es wird jedoch deutlich, dass Unterschiedlichkeit Einheit nicht ausschließt. Der Fehler ist, wenn man ,einheitlich' mit ,monolithisch' verwechselt. Denn die menschliche Gesellschaft, dynamisch in sich selbst, entwickelt sich besser, wenn sich ihre Einheit in der Vielfalt entfaltet. Wenn man nur die Unterschiede betrachtet, so kann man weder bei einem Land, noch bei einem Volk noch auch nur bei einer Familie von einer möglichen Einheit sprechen. Bei einer Analyse der kulturellen Dimensionen des subsaharischen Afrikas müssen zwei Extreme vermieden werden: auf der einen Seite, nur die Einheit zu sehen und auf der anderen Seite nur die kulturellen Unterschiede. Deshalb wäre es sinnvoll, die kulturelle Einheit (in der Familienstruktur, der gemeinschaftsorientierten Denkweise, wie später noch erläutert wird) als solche zu erkennen und gleichzeitig die Vielschichtigkeit, die deren Reichtum ausmacht.

Eine zweite Bedeutung ist die, dass ein Afrikaner die Realität als Ganzes begreift. Ein einzelner Mensch wird so zum Beispiel in seiner Ganzheit betrachtet. Einem Afrikaner ist klar, dass der Mensch nicht einfach eine Zusammensetzung von Materie ist, sondern aus vielen anderen Elementen besteht, wie zum Beispiel der Seele, dem Geist (und vielen anderen), die es ihm ermöglichen, mit der unsichtbaren Welt in Kontakt zu stehen (eine Welt, die in der kulturellen Tradition und dem kulturellen Wesen eine sehr wichtige Rolle spielt). Trotz dieses Bewusstseins, dass der Mensch aus mehreren ,Komponenten' besteht, betrachten die Afrikaner zunächst und vor allem *den Menschen in seiner Gesamtheit*, ein Wesen, dessen Teile alle unausweichlich die große Einheit, den Menschen, beeinflussen. Die Ursache einer körperlichen Beschwerde kann z.B. in der Seele oder in einer anderen Komponente des Menschen gesucht werden. Die Erfahrungen mit der *Familientherapie*, die im letzten Jahrhundert entdeckt und von Bert Hellinger[1] entwickelt wurde, bestätigt diese afrikanische Auffassung, laut der der Mensch das Bedürfnis nach Harmonie mit sich selber (mit all seinen Komponenten) hat, mit seinen Mitmenschen und sogar mit den Verstorbenen ... Natürlich ist man sich auch in Europa der parapsychologischen Phänomene be-

---

[1] Vgl. Bert Hellinger, Ordnung der Liebe, Heidelberg, Carl-Auer, 4e Edition, 1997.

wusst, aber in ihrer alltäglichen Wirklichkeit neigen die meisten Europäer dazu, Unterscheidungen vorzunehmen, die manchmal die (menschlichen und anderen) Wesen einsperren.

Abschließend ist zu sagen, dass die afrikanische Mentalität, um die es hier geht, sich einerseits manifestiert in der kulturellen Einheit in ganz Afrika südlich der Sahara und andererseits in der afrikanischen Betrachtungsweise der Realität als einem Ganzen.

4.2.2. Das europäische „Ich" und das afrikanische „Wir".

So wie der Europäer selbstverständlich „Ich" denkt, wird der Afrikaner dazu erzogen, selbstverständlich „Wir" zu denken. Gemeint ist hier nicht ein kollektives Denken, in dem das Individuum quasi nicht vorkommt. Die afrikanische Denkweise ist weder kollektivistisch noch individualistisch. Sie hat etwas von der kollektivistischen und der individualistischen Denkweise, hat aber auch ihre eigene Identität, auch wenn die oft verkannt wird. Das „Wir", von dem hier die Rede ist, bezeichnet die Familie (die Großfamilie, versteht sich, mit den Tanten, Onkel, Cousins und den Großeltern), die Gruppe, den Clan, das Dorf, die Kulturgemeinschaft ... Wer in Europa „Halbbruder" genannt wird, ist in Afrika einfach ein „Bruder". Die Erziehung zum „Wir"-Denken hat automatisch Auswirkungen auf die Art und Weise, in der Afrikaner sich in eine menschliche oder soziale Gemeinschaft einfügen, auf die Art, wie sie Probleme angehen und lösen, auf ihre Sozial-, politische und religiöse Ordnung. Das „Wir" ist auch nicht *nur* die Erziehung zur Solidarität mit den Mitmenschen. Es ist die Notwendigkeit, mit seinem Nächsten und damit mit der Existenz in Einklang zu sein und dabei die Identität (die nicht unbedingt gleichbedeutend ist mit Individualität) eines jeden anzuerkennen. Denn der Begriff der „persönlichen Identität" macht den Menschen offen für Kommunikation, ohne dass er daran kaputtgeht, während der Begriff „Individuum" eher bedeutet, dass er sich in sich zurückzieht.

Nehmen wir das Modell eines afrikanischen Dorfes als Beispiel. Denn um mit den Worten Pazzis zu sprechen: „Im Dorf kann die traditionelle Gesellschaft sich entfalten", um das Dorfoberhaupt als Führer und als Vater der großen Familie, die das Dorf bildet, herum. Trotz der Einheit im Dorf „bewahrt jedes Viertel sorgfältig seine eigene Geschichte, die die Alten an die jüngeren Generationen weitergeben."[1] Innerhalb jedes Viertels bewahrt jede Familie ihre eigene Identität und ihre Autonomie.

---

[1] Roberto Pazzi, Op. cit., p. 50.

In einem Dorf unterscheiden sich z.B. die Beerdigungszeremonien der Viertel leicht voneinander. Außerdem bekommt das Dorfoberhaupt eine andere Beerdigung als ein normaler Dorfbewohner, ein Kind eine andere Beerdigung als ein Erwachsener usw. Daran wird deutlich, dass die Erziehung zum „Wir"-Denken dennoch die Identität jedes einzelnen anerkennt. Deshalb besagt auch ein afrikanisches Sprichwort: „Wenn (in einer Gruppe) ein Stein fällt, schützt jeder seinen eigenen Kopf"; niemand lässt natürlich, wenn der Stein fällt, seinen Kopf ungeschützt, um den Kopf eines anderen zu schützen. Es geht nicht um den puren Individualismus, wie er in Europa vorherrscht, sondern um die Anerkennung der persönlichen Identität innerhalb der Gemeinschaft und um den Platz, der ihr dort zugestanden wird. Das wäre in einer Darstellung der kollektivistischen Denkweise anders. Wenn wir unbedingt ein mögliches Vergleichsmodell in Europa zum afrikanischen „Wir" anbringen wollen, so können wir das am ehesten auf politischer Ebene machen, wo die Bundesländer zwar Teil des Staates sind, nicht aber eins mit ihm. Das „Wir" ist das Verhältnis des Persönlichen zum Gemeinschaftlichen und lebt und handelt als Ganzes (ohne dass es jedoch zu einer Verschmelzung käme).

Das afrikanische „Wir" schenkt den Schwachen besondere Beachtung (menschliche Werte): *die Alten* fühlen sich aufgewertet, weil sie häufig um Rat gefragt werden, auch wenn altersbedingt ihre Bewegungsfreiheit eingeschränkt ist; was die Kinder angeht, so muss man nur an den Zeremonien teilnehmen, die mit der Geburt eines Kindes einhergehen, um sich der Bedeutung bewusst zu werden, die ihnen beigemessen wird. In Europa stellen Institutionen sicher, dass die wirtschaftlichen Lebensbedingungen der alten Menschen ausreichend sind, aber um die moralischen und menschlichen Werte ist es nicht immer sehr gut bestellt. Afrika kann von Europa diese finanzielle Absicherung für alte Menschen lernen, und Europa kann von Afrika lernen, älteren Menschen gegenüber menschliche Werte zu leben.

„Wir"-Denken bedeutet, der Gemeinschaft Autorität zuzuschreiben; nicht aber eine zerstörerische Autorität, denn „Wir"-Denken bedeutet auch, mit den anderen in Gemeinschaft zu leben, auch mit den Vorfahren, die natürlich „tot sind aber nicht von uns gegangen"; entsprechend ihrer Tradition glauben die Afrikaner, dass ihre Vorfahren sie „ständig begleiten und in inniger Gemeinschaft mit ihnen leben."[1] „Wir"-Denken bedeutet auch ein Leben in Harmonie mit der Natur. Die Bê, eine Kul-

---

[1] Komla Agbetiafa, Op. cit., p. 37.

turgemeinschaft in Südtogo vom gleichen Stamm wie die Ewe, „investieren sehr viel in die Natur, deren innere Harmonie von den im Kosmos wirkenden Kräften reguliert wird."[1] Zusammenhängend mit dieser Vorstellung der Ganzheit in der afrikanischen Welt, beschreibt Vincent Agbovi, Soziologe und Orientierungsberater an der Universität von Lomé (Togo), das Verhältnis der Menschen untereinander (siehe Anhang, Seite IV) als „Zeichen der Solidarität und des Vertrauens", das aus der Erziehung entsteht.

Insgesamt ermöglicht diese Analyse es, „zu begreifen, dass die Welt aus der Sicht der Bê (und der Ewe in Ghana und Togo) GESAMTHEIT, SOLIDARITÄT und EINHEIT ist. Alle Gedanken, Gefühle, Riten und Verhaltensweisen dieses Kulturkreises müssen ausgehend von dieser Vorstellung interpretiert werden."[2] Das gilt für die Ewe, als grundsätzliche Tendenz aber auch für die afrikanische Mentalität im Allgemeinen. Da das so ist, funktionieren die traditionellen Strukturen wie ein *Ganzes*, wie *eine Einheit*. In Europa wird zum Beispiel eine deutliche Trennung gemacht zwischen Sozialem, Politik und Religion; man spricht hier von Gewaltenteilung. Das hat in genau diesem System auch seine Vorteile. Besessen von ihrer Ganzheitsvorstellung verwalten die Afrikaner die verschiedenen Bereiche, nämlich das Soziale, das Politische und das Religiöse in Harmonie zueinander. Genauer gesagt: Die Amtseinführung eines Dorfoberhauptes ist eine rein politische Handlung (im Verständnis des europäischen Systems). Aber bei den Ewe hat der traditionelle Priester eine genau bestimmte und bedeutsame Rolle zu spielen, ohne die eben diese Amtseinführung ungültig wäre. Betrachtet man diese afrikanische Realität aus europäischer Sicht, so ist man nur total verwirrt; genauso ist es, wenn man europäische Gegebenheiten aus afrikanischer Sicht analysiert: Man sieht dann nur ein großes Durcheinander, in dem der Mensch in seine Einzelteile zerlegt werden kann. So ist jedes System, nimmt man es aus seinem Kontext heraus und betrachtet man es nicht in seiner Ganzheit, seiner Vitalfunktionen beraubt und stellt nur noch ein bekleidetes Skelett dar. Die afrikanische und die europäische Gesellschaft werden im Teufelskreis der gegenseitigen Beschuldigungen gefangen bleiben, wenn jede den Anspruch hat, allgemeingültiger Maßstab sein zu wollen.

Man muss feststellen, dass in der europäischen Welt ein anderes Urteilsmuster angewandt wird als in der afrikanischen Welt. Der Europäer

---

[1] Komla Agbetiafa, Op. cit., p. 18.
[2] Komla Agbetiafa, Op. cit., p. 91.

hat, in der Tendenz *wahrscheinlich* verstärkt durch den Einfluss des Kartesianismus, ein steifes Urteilsmuster entwickelt: „entweder ... (Tag) oder ... (Nacht) ; entweder ... (weiß) oder ... (schwarz)". Der Afrikaner orientiert sich in seiner Suche nach Harmonie mit der Natur eher an Nuancen, die in Anlehnung an Phänomene in der Natur stehen: „Es gibt den Tag, es gibt die Nacht, aber es gibt auch die Morgen- und die A-benddämmerung". Denn in der Natur ist nicht eindeutig, wann der Tag beginnt oder wann die Nacht anfängt.

Was Redensarten angeht, so können sie in Afrika und Europa gegensätzliche Bedeutungen haben. Zum Beispiel wünscht man einem Afrikaner, der Urlaub hat, dass er sich im Schatten erholen möge; in Europa wünscht man dem Urlauber, dass er die Sonne genießt. Jemandem in Europa Schatten zu wünschen, bedeutet, ihm einen schlechten Urlaub oder einen Misserfolg zu wünschen. In Afrika hingegen verbinden die Menschen mit Sonne ihre Mühe mit der großen Hitze und ihr Schwitzen bei der Arbeit. Ein nicht weniger ausdrucksvoller Fall begegnete mir bei einem Gespräch mit der Psycho-Pädagogin Maryse Quashie, stellvertretender Direktorin des *Institut National des Sciences de l'Education* (staatliches Institut der Erziehungswissenschaften) und Direktorin des *Centre de Formation à Distance* (Zentrum für Fernstudium) an der Universität von Lomé (Togo), über die Bedeutung von Ratschlägen in der afrikanischen Mentalität. In ihrer Analyse bezieht sie sich auf einen Vergleich in der Arbeitspsychologie. Eine der wichtigsten Fragen in einem Vorstellungsgespräch in Europa lautet: „Wenn Sie eine Entscheidung treffen, fragen Sie dann um Rat?"

Der Europäer wird antworten: „Nein"; er möchte mit seiner Antwort deutlich machen, dass er die nötige Reife besitzt, um selbstständig zu arbeiten und Entscheidungen zu fällen, und dass er seine Entscheidungen unabhängig fällt.

Der Afrikaner wird sagen: „Ja, ich bitte häufig um Rat"; er hingegen möchte damit anzeigen, dass auch Menschen mit persönlicher Reife der Gefahr des Autoritarismus ausgesetzt sind oder zumindest Fehler machen können. Deshalb hört er sich die Meinung derer an, die von der Entscheidung auch betroffen sind, bevor er sie tatsächlich fällt. Denn wer nicht vor wichtigen Entscheidungen um Rat fragt, wird in Afrika als großer Egoist angesehen.

Die beiden Personen kämpfen für dieselbe Sache, nämlich um das Interesse der Firma, die sie einstellen will. Aber in Europa, wo der Test ausgearbeitet wurde, erwartet man natürlich die erste Antwort; jeder

Afrikaner, der nicht vorher informiert wurde und in Europa in dem Test teilnimmt, kann somit nur durchfallen.

Die Bilder auf der nächsten Seite sind Fotos von tansanischen Skulpturen, die das afrikanische „Wir" darstellen, in dem die Energie und die Lebenskraft in der Gemeinschaft zum Ausdruck kommen, mithilfe derer die täglichen Ereignisse bewältigt werden können.

Im übrigen ist es wichtig hervorzuheben, dass das afrikanische „Wir" nicht ausschließlich positiv behaftet ist. Leider erweist es sich als dem Fortschritt gegenüber sehr schwach. Und in der Tat ist es so, dass das afrikanische „Wir" mit seinem ausgeprägten Mitgefühl und seiner Hilfsbereitschaft für die Schwachen dazu neigt, noch auf den letzten zu warten, bevor es weitergehen kann. Und solange die Gemeinschaft immer auf den letzten wartet, bevor sie vorangeht, findet Entwicklung im Schneckentempo statt. Insofern verhindert das afrikanische „Wir", dass der ökonomische Fortschritt das europäische Tempo erreicht. Denn der Fortschritt der Industrienationen geht vom „Ich" aus, das sich weiterentwickelt, das die Gemeinschaft an- und mit sich zieht.

Zudem ist nichts so gefährlich wie der *Neid* im afrikanischen „Wir". Natürlich gibt es Neid in jeder Gesellschaft. Im europäischen System kommt sie stark im Wettbewerb und in dem Willen, besser als die anderen zu sein, zum Ausdruck. Dadurch wird die Entwicklung noch vorangetrieben. Im System des afrikanischen „Wir" hingegen führt der Neid häufig dazu, dass derjenige, der sich weiterentwickeln will, daran gehindert, manchmal gar dadurch zerstört wird, damit die hinterherhumpelnde Gemeinschaft ihn zunächst einholen kann. Darin besteht das große Manko oder die Verfehlung in dem ausgewogenen Verhältnis zwischen dem „Wir" und dem „Ich". Es ist zwar nicht das „Wir"-Denken an sich, das so zu Neidgefühlen verleitet, aber es ist eine seiner möglichen negativen Folgen. Nach 23 Jahren des Pfarrdienstes in Afrika erklärt der deutsche Priester Bernhard Haben, dass das afrikanische System gut ist für zwischenmenschliche Solidarität und dass keine große Gefahr der Abhängigkeit zwischen dem „Ich" und dem „Wir" besteht (vor allem nicht bei Ratschlägen während eines Beratungsgespräches), dass es aber den technischen Fortschritt kaum zu fördern weiß (siehe Anhang, Seite XIV).

Wie ist es also möglich, das positive System des afrikanischen „Wir" zu retten und gleichzeitig dem zerstörerischen Neid in der Mentalität entgegenzuarbeiten? Darin liegt die Hilfe, die das subsaharische Afrika wirklich von den anderen Ländern benötigt, um darauf dauerhaft bauen zu können. Alle anderen Hilfsformen, die nicht dieses Ziel verfolgen, können – in weiten Teilen – nur vorübergehende Hilfe leisten, und das kann für die Menschen und Gemeinschaften, denen geholfen werden soll, sogar gefährlich werden.

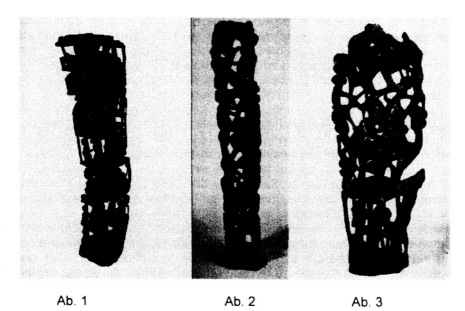

Ab. 1   Ab. 2   Ab. 3

- Abbildung 1 zeigt die innige Beziehung der verschiedenen Generationen zueinander und die Gemeinschaft miteinander.

- Kunstwerk Nr. 2 stellt das Zusammenleben mit der Gesellschaft dar, aus dem die Kraft und die Energie entspringen, mithilfe derer man die Last des Lebens bewältigen kann. Und das Symbol für die Last des Lebens befindet sich am oberen Bildrand.

- Abbildung 3 drückt die gleiche Kraft und die gleiche Energie aus wie Abbildung 2, diesmal aber auf familiärer Ebene mit der Kleinfamilie im unteren Bildteil und der Großfamilie im oberen Bildteil, alle von ihnen fest miteinander verbunden, um den Problemen des Alltags begegnen zu können.

4.3. Die gemeinschaftliche Denkweise

So wie das „Ich' die 'individualistische Denkweise' hervorruft und die
„Kollektivität" die ‚kollektivistische Denkweise', so ruft das afrikanische
„Wir" seinerseits die ‚gemeinschaftliche Denkweise' hervor. Denn eine
Gesellschaft in Afrika ist kein Kollektiv sondern eine Lebensgemein-
schaft. Im Gegensatz zur Struktur des Kollektivs, in dem man dazu
neigt, nur die Oberherrschaft der Gruppe zu sehen und die Aufgaben all
ihrer Mitglieder, koordiniert die Gemeinschaftsstruktur das Entfalten der
Gruppe mit dem Entfalten von deren Mitgliedern; sie schafft Raum für
die persönliche Identität jedes Mitglieds der Gemeinschaft. Das Dorfoberhaupt wird zum Beispiel zwar von den Einwohnern in sein Amt berufen, hat aber Rücktrittsrecht, wenn er keine Lust mehr dazu hat oder
sich nicht mehr in der Lage fühlt zu arbeiten, wie Sam Obianim in seiner
Arbeit über Riten in der Tradition der Ewe angibt[1]. Die persönliche Identität ist weder allem übergeordnet wie in der individualistischen Denkstruktur, noch ist sie so gut wie nicht existent wie in der kollektivistischen Denkstruktur; sie ist Bestandteil des *Gemeinschaftsgeistes* und
entfaltet sich nicht nur in seinen Rechten sondern auch in einer Erziehung, in der die Einhaltung von Verpflichtungen propagiert wird; das
heißt die Grenzen, die jedem der Gemeinschaft und den Rechten der
anderen gegenüber auferlegt sind. Die individualistische Denkweise
gesteht dem Individuum auch seine Rechte und Pflichten zu, aber die
Motivation ist von System zu System unterschiedlich: Um seine rechtli-
chen Grenzen in der Gesellschaft einzuhalten, lässt der Individualist oft
widerwillig von seinen persönlichen Rechten ab und tut das häufig, um
Bestrafungen zu vermeiden; ein Mitglied einer Gesellschaft mit gemein-
schaftlicher Denkstruktur verzichtet aus der Notwendigkeit für das Ge-
meinschaftsleben heraus auf seine Rechte; denn für das Leben der
Gemeinschaft ist es unbedingt notwendig, dass die Grenzen der individuellen Rechte eingehalten werden. Erinnern wir uns an den Gemeinschaftsgeist, zu dem der Afrikaner erzogen wird: zur Eintracht mit sich
selbst, Eintracht mit anderen, Eintracht mit der Natur. An Stellen, an
denen der Afrikaner selbstverständlich und ohne großartig nachzudenken Abstriche macht, stellt sich der Europäer die Frage: „Wo bleibt da
meine Freiheit?" Manche Menschen in Europa denken, dass diese individualistische Art die einzige Möglichkeit ist, die *Freiheit* zu genießen,
vergessen dabei jedoch, dass es auch eine Freiheit auf Gemeinschafts-

---

[1] Vgl. Sam J. Obianim, B. Com., Eve konuwo, E.P. Church Press, Ho, 1976, S.
51ff.

ebene gibt, solange man in einer Gesellschaft leben will. Und der Mensch ist ein gemeinschaftsfähiges und –abhängiges Wesen.

Ein Element, das uns im Verständnis dieses afrikanischen Geistes helfen kann ist der Versuch, den gemeinschaftlichen Geist in den afrikanischen Gemeinschaften wie **einen natürlichen Pakt** oder **einen Bund** anzusehen. Es handelt sich um eine Art natürlichen Bund, in den jeder Afrikaner im Moment seiner Zeugung aufgenommen wird.

Die Struktur des gemeinschaftlichen Denkens vereinfacht und verschönert die Organisation menschlicher Beziehungen, stellt aber faktisch eine Schwäche dar, die sie häufig der Versuchung von Individualismus auf der einen Seite oder Kollektivismus auf der anderen Seite aussetzt. Wenn ein Afrikaner der Versuchung des Individualismus nachgibt, so wird er manchmal noch individualistischer als ein Europäer. Die empörte Gemeinschaft ist hilflos und steht vor vollendeten Tatsachen. Häufig wird versucht, die „entgleiste" Person in Verhandlungen wieder zu überzeugen, aber das gelingt nur selten. Das wirkt sich natürlich negativ auf die Stimmung innerhalb der Gemeinschaft aus und zerstört die Atmosphäre gegenseitigen Vertrauens. Misserfolge oder unvorhergesehene Schwierigkeiten bringen einige Menschen wieder in die Gemeinschaft zurück. Und die empfängt denjenigen freudig: Die Harmonie ist wieder hergestellt.

Die Anziehungskraft des Individualismus könnte übrigens eine Erklärung dafür sein, dass viele afrikanische Gruppen in Europa nicht lange existieren. Es gibt viele Afrikaner in Europa, die meinen, dass sie nun, da sie nicht mehr die Unterstützung der Gemeinschaft erfahren wie in Afrika, allein zurechtkommen können, indem sie sich am europäischen Modell orientieren; manchmal übertreiben sie sogar. Diese Gruppen und Vereine lösen sich dann schnell wieder auf.

Die afrikanische Gemeinschaftsstruktur kennt auch die Versuchung der kollektivistischen Denkweise. Häufig sind es die traditionellen Anführer, die Gefahr laufen, die persönliche Identität der Gemeinschaftsmitglieder im Namen der vermeintlichen „sozialen Harmonie" zu missachten, die in diesem Fall aber nur die Bestätigung der von der führenden Gruppe aufdiktierten Meinung ist. In der Ewe-Tradition ist zum Beispiel die Möglichkeit vorgesehen, dass ein Dorfoberhaupt abgesetzt werden kann, wenn der sich trotz Verhandlungen bewusst dafür entscheidet, nicht mehr harmonisch mit den Mitgliedern der Gemeinschaft, des Dorfes leben zu wollen.[1]

Seit dem Mittelalter gibt es in Europa im religiösen Bereich immer wieder unterschiedliche Formen sogenannter religiöser Gemeinschaften. Man kann also eine Analogie zwischen dem Gemeinschaftsgeist in Europa und in Afrika feststellen. Die afrikanischen Gemeinschaften haben den *natürlichen Bund*, während die religiösen Gemeinschaften im *religiösen* oder *spirituellen Bund* leben. Trotz dieses Unterschieds erfahren beide Gemeinschaften beide grundlegenden Formen der Versuchung, die den afrikanischen Gemeinschaften bekannt sind: den religiösen Gemeinschaften bleibt weder die Gefahr des Individualismus einiger Mitglieder noch die Gefahr der Unterdrückung durch die Führungsschicht erspart. Daraus kann gefolgert werden, dass diese Schwierigkeiten keine der afrikanischen Mentalität eigenen sind, sondern dass sie der Struktur des gemeinschaftlichen Denkens innewohnen; es ist eine Grenze der Gemeinschaftsstruktur (wir kommen später darauf zurück). Genauso wie die religiösen Gemeinschaften trotz einiger Schwierigkeiten versuchen, den Gemeinschaftsgeist zu bewahren, setzen sich auch die afrikanischen Gemeinschaften ihrerseits dafür ein, dass eben dieser Gemeinschaftsgeist einigen Hindernissen zum Trotz bewahrt wird.

Man muss im übrigen anmerken, dass sich, während die europäischen Staaten sich um eine Annäherung bzw. eine Form der politisch-ökonomischen „Gemeinschaft" bemühen (die Europäische Union sei als ein Beispiel genannt), in den afrikanischen Gemeinschaften (und vor allem in den Städten) der Individualismus erschreckend schnell ausbreitet. Heutzutage hört man in afrikanischen Städten immer häufiger Aussprüche wie „Jeder für sich, Gott für uns alle"; das war in der afrikanischen Mentalität undenkbar. Welche Auswirkungen hat diese Analyse der afrikanischen Mentalität in seiner Gesamtheit auf Beratungsgespräche?

---

[1] Vgl. Sam J. Obianim, B. Com., Eve konuwo, E.P. Church Press, Ho, 1976, S. 49-51.

5. DAS BERATUNGSGESPRÄCH

5.1. Zum Verständnis der Kunst des afrikanischen Beratungsgesprächs

Es gibt in der afrikanischen Kultur im allgemeinen eine Verbindung zwischen dem „Wir" und dem „Ich" und zwischen dem „Ich" und dem „Wir", d.h. eine Verbindung zwischen jedem Menschen und der Gemeinschaft und andersrum. Deshalb betrifft das Problem des „Ich" auch das „Wir"; genauso betrifft ein Problem des „Wir" auch das „Ich". Das gilt für den Ratsuchenden wie für den Berater. Das afrikanische „Wir" entwickelt in Wirklichkeit eine Nähe zum Anderen und bringt dadurch eine *verstärkte Gefühls-„Kultur"* hervor. Deshalb wird ein Afrikaner unbedingt versuchen, die Gefühle des anderen zu achten. Er wird sich einer bildlichen Sprache, Analogien oder Sprichwörtern bedienen, um seine Meinung zu äußern. Das wird u.a. bei Botsoé A. deutlich, der ein Sprichwort der Ewe zitiert, um die Wichtigkeit von Ratschlägen in Beratungsgesprächen aufzuzeigen: „Weisheit ist wie ein Baobab (ein großer Baum); ein Arm allein kann ihn nicht umschlingen." (siehe Anhang, Seite V); oder bei Yawovi N., der – als Berater – aufzeigen will, wie wichtig es ist, einem Ratsuchenden in einer Notsituation Hilfe anzubieten, und ein Sprichwort zitiert, bevor er seine Antwort erklärt: „Ein Problem ist schwerer als Gepäck." (siehe Anhang, Seite X)

Die Gefühls-„Kultur", die aus dem afrikanischen „Wir" entsteht, hat außerdem Einfluss auf die Kommunikationsweisen, die sich sehr von denen in Europa unterscheiden. Da ist das Beispiel der Vorgehensweise, die François A. beschreibt, als er die Frage beantwortet, wie er sich verhalten würde, wenn „der Berater keine passenden Lösungsvorschläge vorzubringen weiß": Er meint, dass er die unpassenden Ratschläge des Beraters anhören würde, um ihn nicht zu enttäuschen, ohne jedoch die Vorschläge nachher umzusetzen (siehe Anhang, Seite IV). Diese Vorgehensweise entsteht nicht aus einer Angst heraus; François A. ist schließlich volljährig und Vater einer Familie. Betrachtet man dieses Verhalten im europäischen System, so wird es als Heuchelei oder Unaufrichtigkeit empfunden. In Europa wird man dem Berater eher direkt sagen, dass sein Ratschlag nicht hilfreich ist oder seine Meinung nicht stimmt. Eine solche europäische Reaktion wird im afrikanischen System als Zeichen der Unhöflichkeit der älteren Person gegenüber angesehen. Wenn der afrikanische Berater eine offene Diskussion in Gang bringt,

hat der afrikanische Ratsuchende die Möglichkeit, seine Meinung offen
zu äußern, ohne unhöflich zu erscheinen. Wenn aber der Berater seiner
Äußerungen sicher zu sein scheint, während der Ratsuchende sie unpassend findet, so wird der Ratsuchende sie als einen Standpunkt unter
vielen hinnehmen.

5.2. Von der Notwendigkeit der Lösungsfindung in einem Bera-
tungsgespräch.

5.2.1. Die Erwartungen eines Ratsuchenden in Afrika

Es ist wichtig, sich ins Gedächtnis zu rufen, dass ein Afrikaner, solange
er nicht von der Fähigkeit und dem Willen des anderen, sich bei der
Lösungssuche zu bemühen, seine Probleme eher für sich behält als sie
jemandem anzuvertrauen, der sich seiner Meinung nach nicht intensiv
damit auseinandersetzen wird. Er wird sich bloßgestellt fühlen und eine
tiefe Frustration empfinden. Zusätzlich zu den in beiden Kulturen (der
afrikanischen und der europäischen) erwarteten notwendigen Bedingungen für ein Beratungsgespräch ist für einen afrikanischen Ratsuchenden die Suche nach einer Lösung ein natürlicher Bestandteil eines
Beratungsgesprächs, die dessen Charakter nicht beeinflusst.

Es ist anzumerken, dass ein Afrikaner nicht für jede Art von Problem
einen Berater aufsucht, sondern nur, wenn er sich überfordert fühlt, wie
Semenya A. sagt (siehe Anhang, Seite VI). Botsoé führt zudem den
Vergleich an, in dem sich ein Ratsuchender verhält wie in einer der
menschlichen Einrichtungen, die alle Beratungsstellen einrichten (siehe
Anhang, Seite V). So kann jeder Mensch Rat suchen, ohne sich jedoch
irgendwie verpflichtet zu fühlen. Die Rolle des Beraters und des Alten in
Afrika ist so wichtig, dass der aus Afrika stammende erste Bürgermeis-
ter der Kommune Saint-Coulitz in Frankreich, Kofi Yamgnane das Bera-
tungssystem unter dem Namen „Conseil des sages" (Ältestenrat) in
seiner Kommune einführte. Der Ältestenrat besteht aus Rentnern der
Kommune, die mit dem Stadtrat zusammenarbeiten und ihre Meinungen
über jedes zu behandelnde Thema vor der Entscheidung des Bürger-
meisters abgeben. Der Ältestenrat sorgt ebenfalls für Versöhnung, Dialog und Austausch zwischen den Mitbürgern, damit in der Stadtgemein-
de Konflikte vermieden werden. Wie gut das funktioniert, zeigt sich dadurch, dass andere Stadtgemeinen Frankreichs wie Saintes und Be-
sançon sich für das System des Ältestenrates entschieden haben.

Um auf das Ewe-Sprichwort zurückzukommen, das besagt, dass „ein Problem schwerer ist als Gepäck", muss hervorgehoben werden, dass man sein Gepäck in Afrika häufig auf dem Kopf trägt. Und wenn das Gepäck schwer ist, kommt es darauf an, was derjenige will, der dieses Gepäck trägt: Er kann einerseits das Gepäck abstellen wollen. Dann benötigt er die Hilfe eines anderen, um das schwere Gepäck auf den Boden zu stellen; der Inhalt könnte sonst kaputt gemacht werden. Falls er aber andererseits dieses schwere Gepäck an einen bestimmten Ort tragen muss, so braucht er wieder die Hilfe eines anderen, um es hochzuheben und auf seinen Kopf zu stellen und es so transportieren zu können. So sieht der Afrikaner die Notwendigkeit eines Ratschlages für jemanden, der in Schwierigkeiten ist. Dabei ist wichtig zu bemerken, dass es die Person selber ist, die das Gepäck trägt. Die anderen tragen es nicht für ihn. Das bedeutet, dass ein afrikanischer Berater sich bei der Lösung des Problems nicht an die Stelle des Ratsuchenden begibt. Dabei kann man natürlich jemandes Gepäck tragen, um ihm etwas Gutes zu tun, so wie Simon von Zyrene Jesus geholfen hat, sein Kreuz zu tragen.[1] Da der Ratsuchende ja immer im Zentrum des Interesses des Beraters stehen muss, kann das in den Fällen gut sein, in denen diese Art der Hilfe dem Ratsuchenden viel besser tut. In diesem Sinne schätzt Yawokuma A. es so ein, dass es „schwache Menschen" gibt, die häufiger jemanden brauchen, der sie anleitet, damit sie sich wieder finden können. Für diese Menschen wäre das Risiko, dadurch in einer Abhängigkeitssituation gehalten zu werden, sozusagen das geringere Übel (siehe Anhang, Seite XII). Dieses geringere Übel abzulehnen würde bedeuten, die konkrete Situation des Ratsuchenden nicht in Betracht zu ziehen, und das würde bedeuten, dass sich der Mittelpunkt des Interesses vom Ratsuchenden auf den Berater verschiebt; hieße das nicht, das grundlegende Ziel eines Beratungsgespräches zu verfehlen?

Ich stelle erneut die Analogie zwischen dem Verhältnis „Ich"-„Wir" bzw. „Wir"-„Ich" und dem Verhältnis zwischen den Bundesstaaten und dem Bund her und beziehe mich konkret auf das Beispiel des Landes Niedersachsen, das, als nach dem ersten Monat der Expo in Hannover im Jahre 2000 deren Konkurs abzusehen war, an die anderen Bundesländer appelliert hat, zur Tilgung der Schulden beizutragen. Die anderen Länder haben darauf schnell reagiert, indem sie die Bevölkerung verstärkt zum Besuch der Ausstellung animiert haben. Denn eine ernste Krise eines Bundeslandes hat automatisch Auswirkungen auf die ande-

---

[1] siehe Die Bibel, Lukas 23, 26-27

ren Länder. In gleicher Weise kann das „Ich" in einer Krise Hilfe vom „Wir" erwarten, ohne sich zu verpflichten.

Im übrigen fühlt sich das „Ich" in dem gemeinschaftlichen Sinn „Ich"-„Wir" und „Wir"-„Ich", wenn es Probleme hat, fast wie in einem Abgrund alleingelassen, denn es sind die Seinen, die ihn hängen gelassen haben. Das geht aus den Antworten von fast allen Befragten hervor, wenn es um die Frage ging, wie sie reagieren würden, wenn der Berater ihnen keine Antwort gäbe oder wenn er nicht versuchen würde, einen Lösungsansatz mit ihnen zu finden. Da fallen Aussprüche auf wie: „Ich würde mich schämen. Ich wäre frustriert. Ich würde in Zukunft nicht mehr den Mut aufbringen, ihm zu vertrauen. Das würde ich nur als Beschimpfungen betrachten. Ich wäre enttäuscht. Es ist unvorstellbar. Der Berater würde auf mich wirken als habe er Komplexe. Der müsste aber unfähig sein. Der müsste ein Egoist sein. Er interessiert sich nicht ..." Unter den befragten Personen sind ungefähr 6%, die zufrieden wären, dass man ihnen *wenigstens* zugehört hat, wenn der Berater keinen Lösungsvorschlag machen sollte.

5.2.2. Die Beraterrolle in Afrika

Der afrikanische Berater ist sich – durch seine Ausbildung – seiner Zugehörigkeit zu einer Gemeinschaft bewusst und weiß, dass sich sein Zuhören nicht auf die Ohren beschränken darf, sondern dem eine Handlung folgen muss. Deshalb finden, obwohl wie oben dargestellt der passendste Zeitpunkt für ein Beratungsgespräch die Morgendämmerung ist, einige Gespräche abends bei Sonnenuntergang statt. Und häufig beschränkt sich der Berater, nachdem er die Ausführungen des Ratsuchenden angehört hat, darauf zu sagen: „Ich habe zugehört" oder „Ich habe gehört". Er zieht sich dann ohne weitere Kommentare zurück, und der Ratsuchende weiß, dass dies nur der Anfang eines Prozesses ist. Der Berater nimmt sich Zeit zum Nachdenken und macht einen neuen Termin mit dem Ratsuchenden. Selbst wenn er keine passende Antwort gefunden hat, so wird er doch dem Ratsuchenden wenigstens mitteilen, dass er dem geschilderten Problem gegenüber ratlos ist, falls es möglich ist, einen anderen Berater empfehlen. Das ist eine andere Form dessen, was in Europa „Weitervermittlung" genannt wird.

So wie ich meinen eigenen Problemen gegenüber nicht gleichgültig bleiben kann, fühlt sich das „Wir" auch moralisch und sozial verpflichtet, dem „Ich" zu helfen, wenn es Probleme hat, denn die beiden bilden eine Gemeinschaft. So bedeutet dem anderen zu helfen in gewisser Weise, sich selbst zu helfen. Insofern ist sich der Berater darüber im Klaren, dass der Ratsuchende nicht ausschließlich gekommen ist, damit ihm jemand zuhört. Falls der Ratsuchende keinen Rat benötigt, sagt er dem Berater deutlich, dass er nur gekommen ist, um ihn zu informieren und sich im entsprechenden Augenblick wieder an ihn wenden will. Wird das nicht so gesagt, bedeutet das fast automatisch, dass derjenige einen Ratschlag erwartet. Im C.L.E.R. hingegen wird dazu geraten, nur dann einen Rat zu geben, wenn dies explizit vom Ratsuchenden verlangt wird. Dadurch soll das Risiko eines Abhängigkeitsverhältnisses zwischen Ratsuchendem und Berater verringert werden und der Berater gibt außerdem dem Ratsuchende keinen Rat, den der eigentlich wahrscheinlich nicht braucht.

Der afrikanische Berater und der afrikanische Ratsuchende sind sich darüber im Klaren, dass ein Rat nur ein Rat ist, nicht aber eine Entscheidung; das heißt, der Berater leuchtet dem Ratsuchenden den Weg oder gibt ihm Kraft, wenn dessen Schiff gerade kentert, wie es der Berater Yawokuma A. sieht (siehe Anhang, Seite XII). Sollte der Ratsuchende dem Älteren auf dessen Rat hin etwas versprechen und das nicht einhalten, so wird der Ältere enttäuscht sein, was mit der besagten Gefühls-„Kultur" in der Mentalität zu tun hat. Wenn aber der Ratsuchende die Möglichkeit offen lässt, dass dem Gespräch ein späteres folgen kann, respektiert der Berater die vollständige Freiheit des Ratsuchenden. Der afrikanische Berater (ein Alter) ist ein Weiser mit Lebenserfahrung oder er muss sich zumindest so verhalten.

Zusammenfassung

Im Anschluss an diese vergleichende Analyse der Beratungsgespräche im afrikanischen und im europäischen System kann man zweifelsfrei festhalten, dass ein Beratungsgespräch im afrikanischen System mehr die Konsultation eines Weisen ist als eine „ausschließliche Beratung". Sowohl der pädagogische Ansatz als auch die Logik des Weisen unterscheiden sich von denen des Beraters in Europa.[1] Letzterer hat eine nahezu administrative Beziehung zu dem Ratsuchenden, während der afrikanische Alte den anderen eher begleitet, fast in Analogie zur Rolle

---

[1] Maurice Bellet warnt im übrigen vor den Grenzen dieser Beratungsmethode und des Berater; es handelt sich um Grenzen, die mit der Kultur, der Epoche etc. zu tun haben. Er präzisiert, „dass hier nichts ist, was objektiver Allwissenheit gleichkäme." Siehe dazu: L'écoute, 4e ed., Paris, Desclée de Brouwer, 2000, S. 14 -15.

des spirituellen Begleiters in der Kirche. Und in der afrikanischen Mentalität fügt sich die pädagogische Vorgehensweise des Weisen besser ein. Der Weise beobachtet, hört zu und gibt Ratschläge (der Gedanke der Weisheit); er weiß die wichtigsten metaphysischen Prinzipien auf die Lebenserfahrungen anzuwenden; er ist sich dessen bewusst, dass er nicht nur Ratgeber sondern auch Lehrer ist, und dass er innerhalb seiner Gemeinschaft die Weisheit vertritt.

Obwohl sie das Risiko in sich birgt, Menschen in Schubladen einzuordnen (Afrikaner / Europäer), liefert diese Analyse einen Ansatz zum Umgang mit der afrikanischen Mentalität und kann für jede Institution von Nutzen sein, die mit Afrika zu tun hat, aber auch für einzelne Menschen, insbesondere Paare mit gemischter Nationalität (Afrika – Europa) in ihrem alltäglichen Leben, da sie zum gegenseitigen Verstehen beiträgt und dadurch ausgewogenere Beziehungen und Kontakte herstellt. Dieser Vergleich ermöglicht es sowohl dem europäischen Berater als auch dem afrikanischen Weisen, sich mit einer anderen Methode als der seinen vertraut zu machen. Es wäre übertrieben, wenn man sagte, dass jedem Afrikaner die Methode des Weisen besser helfen kann und jedem Europäer die Methode des europäischen Beraters. Der europäische Berater und der afrikanische Weise müssen sich – im Interesse des Ratsuchenden – über die Methode klar werden, die dem jeweiligen Ratsuchenden am besten passt und dürfen sich nicht allein auf dessen Mentalität berufen. Ein Beratungsgespräch muss ein dynamischer Prozess sein und nicht statisch, denn der Ratsuchende ist ein lebendiges Wesen und also immer in der Entwicklung begriffen.

Die unterschiedlichen Methoden für ein Beratungsgespräch können in Analogie zu verschiedenen Fortbewegungsmitteln gesehen werden, die uns in unserer Gesellschaft zur Verfügung stehen: Das geht vom Fahrrad über das Motorrad, das Auto und das Schiff bis hin zum Flugzeug. Jedes Fortbewegungsmittel funktioniert auf seine Weise und hat seine eigene Geschwindigkeit. Zum Beispiel bewegt man ein Fahrrad vorwärts, indem man in die Pedale tritt, nicht aber ein Flugzeug; ein Auto fährt auf dem Land, ein Schiff auf dem Wasser. Je schneller ein Fortbewegungsmittel ist, umso attraktiver scheint es, umso schwerer sind aber auch die Folgen eines Unfalls. Außerdem kann ein Flugzeug trotz aller Anziehungskraft, die von ihm ausgeht, kaum von Nutzen sein, um einen Freund zu besuchen, der einen Kilometer entfernt wohnt. Gleichzeitig kann ein Fahrrad zum Beispiel trotz des geringeren Unfallrisikos nicht dazu dienen, von der Schweiz nach Tansania zu gelangen. Genauso wie jedes Transportmittel auf seine Weise funktioniert, hat auch jede

Beratungsmethode ihr eigenes Anwendungsfeld. Man darf sie darum nicht hierarchisch ordnen wollen. Jede Methode hat an sich ihren Wert und kann je nach Zusammenhang helfen oder nicht. Das Wichtigste ist, den Ratsuchenden in das Zentrum des Beratungsgesprächs zu stellen.

Diese Flexibilität des Beraters bei der Ausübung seines Berufes fördert das gute Verhältnis zwischen ihm und dem Ratsuchenden. Dennoch kann diese Verbesserung in der Beratungsmethode nicht dafür sorgen, dass sich das Verhältnis zwischen Afrikanern und Europäern verbessert. Wie gehen sie also mit ihren unterschiedlichen Mentalitäten in ihren Beziehungen um?

Dritter Teil: Kulturell bedingte Missverständnisse in afro-europäischen Beziehungen und ihre Ursachen

Die Dinge sind nicht immer wie sie zu sein scheinen.

6. EINIGE BEISPIELE BINATIONALER PAARE

Um besser ausmachen zu können, welche faktische Tragweite kultur-
bedingte Missverständnisse in afro-europäischen Beziehungen haben,
werden im folgenden fünf zufällig ausgewählte Berichte abgegeben. Sie
erzählen von unterschiedlichen Erfahrungen, die binationale Paare machen. Jedem Erfahrungsbericht folgt ein Kommentar, in dem versucht
wird, die Gründe zu verdeutlichen, die die zuweilen widersprüchlichen
Verhaltensweisen der beiden Partner ein und demselben Phänomen
gegenüber erklären.

6.1. Bineta und Peter

Der Bericht

Bineta kommt aus Kenia (Ostafrika) und ist vor einem Jahr nach Europa
gekommen, wo sie einen Deutschen, Peter, kennen gelernt hat. Eines
Tages hat Peter seine Freundin Bineta eingeladen, einen Ausflug zu
machen und ihr einige historische Sehenswürdigkeiten der Stadt zu
zeigen, in der sie wohnten. Peter brachte Bineta zu einem abgelegenen
Friedhof, auf dem einige Soldaten aus dem Zweiten Weltkrieg begraben
sind. Peter hat in seiner Großzügigkeit so viele Informationen wie möglich über die Toten gegeben. Aber wie hat Bineta reagiert? Je länger die
Erklärungen andauerten, umso weniger war sie an ihnen interessiert.
Sie fühlte sich hin- und hergerissen zwischen dem ihr anerzogenen
Respekt – der ihr gebot, den großzügigen Elan ihres Freundes nicht zu
bremsen – und ihrem Unwohlsein. Als sie nicht mehr konnte, sagt sie zu
Peter:

- „Lass uns bitte gehen!" Peter antwortete:

„Warum? Interessiert dich das nicht? Das sind Dinge, die man wissen muss, wenn man hier lebt." Bineta beharrte:

- „Ich habe Angst, Peter!" Daraufhin zeigt sich Peter erstaunt:

- „Aber wovor hast du denn Angst? Sie sind doch schon tot!"

Der Kommentar

Der Grund für das Missverständnis lag nicht im mangelnden Interesse Binetas an der Erzählung ihres Freundes Peter. Der Grund waren die unterschiedlichen Vorstellungen, die sich die beiden Kulturen vom Tod und von den Toten machen. Als echter Europäer sieht Peter die Dinge realistisch: Wer tot ist, ist tot; warum sollte man Angst vor ihm haben? Aber Bineta ist wie die meisten Afrikaner von Kindesbeinen an aufgewachsen mit unzähligen Berichten, in denen Tote erscheinen und sich der Geist oder die Seele von verstorbenen Menschen auf verschiedene Weisen zeigen. Sie hätte sich Peters weitere Erzählung gerne zu Hause weiter angehört aber nicht mit ihm alleine auf einem abgelegenen Friedhof. Hier zeigt sich die bekannte soziologische Realität. Bineta ging es nicht darum, darüber zu diskutieren, ob ihre Vorstellung von den Toten der Wirklichkeit entspricht oder reiner Aberglaube ist. Sie erwartete einfach von Peter, dass er sie versteht, ihren momentanen Gemütszustand akzeptiert und sie zunächst von dem Friedhof „befreit", um dann vielleicht außerhalb des Friedhofgeländes darüber zu reden, ob ihre Vorstellung begründet ist. Den Friedhof konnten sie ja in jedem Fall auch an einem anderen Tag noch mal besichtigen. Es bleibt die Frage: Muss man einem anderen gegen seinen eigenen Willen eine Freude machen?

6.2. Anne und Ali

Der Bericht

Anne ist eine Deutsche, die gerade ihr BWL-Studium beendet hatte. Sie hatte vor kurzem Ali geheiratet, einen Mann aus Mali, der ebenfalls gerade sein Studium in Wirtschaftsrecht abgeschlossen hatte. Zwei Jahre nach ihrer Heirat wurde Anne schwanger und bekam eine Tochter, die Emma heißt. Zwei Wochen nach der Geburt beschlossen einige afrikanische Freunde von Ali, ihn und seine Familie zu besuchen. Man verabredete sich. Ali bereitete aus diesem Anlass ein afrikanisches Essen zu, mit dem er seine Freunde empfangen wollte.

Die Freunde kamen wie verabredet. Nachdem sie die Eltern begrüßt und ihnen gratuliert hatten, gingen sie zu Emma, die in ihrer Wiege lag. Einer von Alis Freunden wandte sich an Anne und sagte: „Emma ist süß; ich stehe als möglicher Heiratskandidat zur Verfügung." Und ein anderer der Freunde erwiderte: „Du kommst zu spät; ich habe den Brautpreis schon vorbereitet; ich bringe ihn morgen mit."

Während Ali und seine Freunde lachten, konnte Anne ihre Wut nicht zurückhalten, vor allem ihrem Mann gegenüber, der – anstatt die Gedanken seiner Freunde zu verurteilen – selbst mit ihnen lachte. „Seid ihr krank?" Alle Versammelten waren überrascht, und es trat Stille ein. Anne setzte noch einen drauf: „Wie könnt ihr nur etwas so billiges denken?" Ali musste viel diplomatisches Geschick aufbringen, um die Situation wieder hinzubiegen.

Der Kommentar

Woher rührte dieses Missverständnis? Eine der zahlreichen Arten, wie man einer afrikanischen Mutter und vor allem der Mutter eines Babys oder eines Kindes eine Freude machen kann, ist die, im Spaß um die Hand des Kindes anzuhalten und damit der Mutter zu zeigen, dass sie ein begehrenswertes Wesen auf die Welt gebracht hat. Deshalb könnte ein Erwachsener ein „Kind" mit Kosewörtern „meine Frau" bzw. „mein Mann" ansprechen. Wenn ein Erwachsener zum Beispiel die Mutter eines Kindes trifft, kann er sich nach der Begrüßung der Mutter entweder direkt nach dem Kind oder aber nach seinem Mann oder seiner Frau erkundigen: „Wie geht es meinem Mann / meiner Frau?" Die Mutter freut sich darüber und weiß genau, dass der andere einen Scherz macht. Oder aber ein Erwachsener könnte zu der Mutter eines Neugeborenen sagen: „Mein Kind wird später dein Baby heiraten ..."

Wie ist Annes Reaktion zu verstehen? Zunächst kennt sie die afrikanischen Gepflogenheiten in solchen Situationen nicht. Außerdem ist sie in Europa groß geworden, wo in den Medien häufig von Pädophilie die Rede ist und davon, dass Psychopathen junge Mädchen vergewaltigen und ermorden. Anne hatte sogar zwei Tage zuvor mit einer Freundin am Telefon darüber gesprochen, dass die andere ein vergewaltigtes Mädchen kennt. All das hat zu ihrer Reaktion auf das beigetragen, was für die Afrikaner nur Spaß war.

6.3. Angèle und Mamadou

Der Bericht

Angèle ist eine Belgierin, die zum Ende ihres Studiums der Modernen Literaturwissenschaften Mamadou aus Niger (Westafrika) kennen gelernt hat, der in Belgien Informatik studierte. Angèle erzählte ihren Eltern mit den verzückten Worten einer Verliebten von ihrem Freund. Es gelingt ihr ebenfalls, in Mamadous Anwesenheit mit ihren Eltern zu telefo-

nieren, und bei einer solchen Gelegenheit wird auch der erste telefoni-
sche Kontakt zwischen ihren Eltern und Mamadou hergestellt. Angèles
Eltern beschließen, ihre Tochter in der Stadt, in der sie studiert, zu besuchen. Als Angèle Mamadou vom Vorhaben ihrer Eltern erzählt, nutzt
der die Gelegenheit und lädt die Eltern seiner Freundin zu sich zum
Mittagessen ein. Angèles Eltern freuen sich über die Einladung und
bereiten ein kleines Geschenk für Mamadou vor, wie das in Europa
üblich ist, wenn man bei jemandem zum Essen eingeladen ist.

Als der Tag gekommen ist, kocht Mamadou die afrikanische Speise, die
Angèle gerne isst. Angèles Eltern kommen bei Mamadou an und über-
reichen ihm das Gastgeschenk. Mamadou nimmt das Geschenk entgegen, bedankt sich freundlich und stellt es in seinen Schrank. Schon bei
den ersten Bissen loben die Eltern Mamadou, dass das Essen hervor-
ragend ist. Die ganze Situation verläuft gut, aber die Eltern warten noch
darauf, dass Mamadou das Geschenk auspackt und ihnen sagt, wie es
ihm gefällt. Das passiert nicht. Als sie wieder gehen, sind Angèles Eltern
enttäuscht, weil Mamadou ihr Geschenk nicht aufgemacht hat. Sie
kommen zu dem Schluss, dass Mamadou ein schüchterner, introvertier-
ter Mensch ist, der sich auch ihrer Tochter gegenüber nicht öffnen würde, falls die beiden heiraten sollten. Darum haben sie sich lange gegen
eine Heirat von Mamadou und Angèle ausgesprochen.

Der Kommentar

Wie entsteht hier das Missverständnis? Warum hat Mamadou das Geschenk nicht geöffnet? Im Afrika südlich der Sahara werden die Menschen dazu erzogen, Geschenke erst später zu öffnen, um sich die Ü-
berraschung zu bewahren. Es ist zwar nicht verboten, ein Geschenk zu
öffnen, sobald man es bekommt, aber die Erfahrung zeigt, dass ein
Geschenk doch *fast* immer nachher geöffnet wird, wenn der Schenken-
de nicht mehr da ist. Mamadou weiß, dass er noch Zeit haben wird, um
das Geschenk auszupacken und in seinem Wert anzuerkennen. Angèles Eltern hingegen sind nur wenige Stunden bei ihm. Da nimmt er
sich lieber die Zeit, um die Eltern seiner Freundin würdig zu empfangen
als sich zu dem Zeitpunkt um das Geschenk zu kümmern. Mamadou
hatte die Erwartungshaltung der Eltern nicht durchschaut. Mamadou
wusste nichts davon, dass man in Europa im allgemeinen ein Geschenk
sofort auspackt und sich darüber freuen kann. Seine Reaktion entspricht
ganz und gar nicht dem Bild, das die Eltern seiner Freundin sich von
ihm gemacht haben.

Es muss angemerkt werden, dass dieses Problem der zu öffnenden Geschenke erst in der modernen Welt überhaupt auftritt. Die afrikanische Tradition sah nicht vor, dass Geschenke eingepackt werden. Der Geber verschenkte einfach, was er verschenken wollte. Bemerkenswert ist jedoch, dass fast alle Afrikaner, egal, aus welchem Land sie kommen, beim Erhalten eines Geschenks ähnlich reagieren, seitdem das Einpacken auch bei ihnen in Mode gekommen ist.

6.4. Sara und John

Der Bericht

Sara und John sind beide Äthiopier (Ostafrika) und haben dieselbe ethnische Abstammung. Sara ist in England aufgewachsen, John hat bis zum Ende seines Studiums in Äthiopien gelebt und ist dann nach England gegangen. Dort hat er Sara kennen gelernt. Er war glücklich, sein Leben mit einer Frau zu teilen, die zu seiner Kulturgemeinschaft gehört und seine Muttersprache spricht, was es vereinfacht, den Kindern später die Sprache ihres Herkunftslandes beizubringen.

Nach der Hochzeit lädt John seine Mutter Aicha aus Afrika ein, sie zu besuchen und ihre Schwiegertochter kennen zu lernen; wir erinnern uns an das Familienbild in Afrika und die Bedeutung, die der Großfamilie dort zugerechnet wird. Am Tag der Ankunft seiner Mutter muss John lange arbeiten; er bittet Sara, seine Frau, seine Mutter morgens vom Flughafen abzuholen. Sara macht das gerne. Als sie wieder zu Hause sind, wendet sich Sara großzügig an ihre Schwiegermutter:

- Sara: „Möchten Sie einen Kaffee trinken?
- Aicha: „Nein."
- Sara: „Möchten Sie Tee trinken?"
- Aicha: „Nein."

Sara denkt, dass Aicha müde ist von der Reise und erst einige Minuten braucht, um sich ein wenig auszuruhen. Nach einer halben Stunde wendet sie sich erneut an ihre Schwiegermutter:

- Sara: „Möchten Sie etwas frühstücken?"
- Aicha: „Nein!"

Sogar am Mittag lehnt Aicha die Angebote ihrer Schwiegertochter nur ab. Am Abend kommt John voll Vorfreude darüber nach Hause, nun seine Mutter und seine Frau zu sehen. Sara nimmt John beiseite und bringt ihr Erstaunen zum Ausdruck:

- Sara: „John, deine Mutter ist merkwürdig! Seit heute Morgen frage ich sie, ob sie Kaffee trinken möchte oder etwas essen; aber sie wollte weder das eine noch das andere."

- John antwortet genervt: „Wie kannst du meine Mutter fragen, ob sie etwas essen oder trinken will?"

Der Kommentar

Das Missverständnis besteht darin, dass man in Afrika seinen Gast nicht fragt, ob er etwas essen oder trinken möchte. Man tischt einfach auf, was man hat. Fragt man jemanden, was er essen möchte, so behandelt man ihn – nach afrikanischer Vorstellung – wie einen Bettler. Die gleiche Vorstellung kennen wir auch in Europa. Für Aicha, die Schwiegermutter, ist das Haus ihres Sohnes wie ihr *eigenes Haus*, und man kann sie „bei sich" nicht fragen, ob sie etwas essen will, bevor man ihr eine Mahlzeit vorbereitet. Das wichtigste wäre gewesen, dass ihre Schwiegertochter ihr eine Tasse Kaffee gibt und ihr selbstverständlich ein Frühstück dazu bereitet.

Die Schwiegertochter kennt es aus ihrer europäischen Erziehung so, dass *es sich gehört*, einen Menschen zu fragen, was er haben möchte, wenn man ihn bedient. Für die Schwiegertochter wäre es respektlos, jemandem ein Essen vorzusetzen, ohne ihn vorher nach seinen Wünschen gefragt zu haben. Trotz ihres guten Willens, ihres Elans und ihrer Ergebenheit hat Sara durch ihre Art, den Gast zu behandeln, eine Familienkrise ausgelöst. Sara und John fühlen sich beide wie Afrikaner; Sara ist natürlich gebürtige Afrikanerin, aber ist sie nicht in Wirklichkeit zu weiten Teilen kulturell eher Europäerin? Sara spricht zwar die Sprache ihres Volkes gut, aber könnte sie sich wirklich in der kulturellen afrikanischen Identität zurechtfinden?

6.5. Kyungu und die Familie Dumont

Der Bericht

Kyungu kommt aus dem Kongo (Zentralafrika) und lebt seit vier Jahren in Europa. Neben seinen Hauptaktivitäten mag er gerne afrikanische Musik und spielt in seiner Freizeit Tam-Tam. Er hat die Familie Dumont (eine französische Familie) kennen gelernt, die ihn mehrfach zu Geburtstagen eingeladen hat. Einmal hat Kyungu bei einer Familienfeier spontan getrommelt.

Im Jahr danach feiert Frau Dumont ihren fünfzigsten Geburtstag und veranstaltet aus diesem Anlass ein großes Fest in einem gemieteten Saal. Kyungu wird als Freund der Familie Dumont auch zu diesem Fest eingeladen. Kyungu hatte zu der Zeit sehr viel zu tun, möchte aber der Familie Dumont eine Freude machen und will kurz bei dem Fest von Frau Dumont reinschauen. Als diese hört, dass Kyungu zu ihrer Feier kommen wird, geht sie sofort davon aus, dass Kyungu bei der Feier Tam-Tam spielen wird. Frau Dumont stellt in dem Saal zwei Trommeln auf.

Kyungu verlässt gestresst seinen Arbeitsplatz und fährt direkt und ohne sich umzuziehen zu der Feier, wo auf mehreren europäischen Instrumenten musiziert wird. Frau Dumont geht voll Freude auf Kyungu zu und bedeutet ihm, dass zwei Tam-Tams vorbereitet sind und dass es wunderbar wäre, wenn er auch auf die Bühne gehen könnte. Kyungu antwortet, dass er eine Weste anhat und dass man nicht in einer Weste trommelt. Aber die, die in der Nähe von Kyungu sitzen, antworten ihm: „Du kannst doch die Weste zum Trommeln ausziehen und sie danach wieder anziehen!" Alle lachen, und Frau Dumont geht weiter in der Hoffnung, dass Kyungu bald spielen wird. Die Feier ist zu Ende gegangen, ohne dass Kyungu gespielt hat. Frau Dumont war enttäuscht.

Der Kommentar

Bei der Feier hat Frau Dumont ihren Wunsch Kyungu gegenüber direkt geäußert. Der hat ihr eine Antwort gegeben, die für einen Europäer nicht klar ist. Es ist so, dass die Weste nicht der Hinderungsgrund war, wie Kyungus Antwort es vermuten ließ. Er verwendet, indem er von der Weste spricht, ein Bild, um auszudrücken, dass er sich „nicht wohl in seiner Haut fühlt", um zu trommeln. Denn wenn ein Afrikaner trommelt, dann spielt er nicht nur eine Melodie, sondern er bringt Gefühle und Emotionen zum Ausdruck. Aber die Gefühle von Kyungu waren an diesem Abend davon bestimmt, dass er unruhig war, weil er nicht weitergearbeitet hatte. Hätte er getrommelt, so hätte er womöglich ein Gefühl von Traurigkeit zum Ausdruck gebracht, und das wäre bei einem solchen Fest unpassend.

Kyungu befürchtete, Frau Dumont zu schockieren oder zu verletzen, wenn er ihr direkt gesagt hätte, dass er nicht spielen möchte. Deshalb hat er es in einer *bildhaften Sprache* ausgedrückt. Ein Europäer hingegen hätte *direkte* Antworten vorgezogen, die er für *deutlich* halten würde. Wenn man in Europa verstanden werden möchte, muss man seine Aussagen explizit formulieren. Die *bildhafte Sprache* hingegen ist in der

Kommunikation der afrikanischen Tradition sehr wichtig. Wo ein Europäer sagen würde: „Man muss zwischen den Zeilen lesen können", würde ein Afrikaner sagen: „Man muss zwischen die Bilder sehen können." Denn für einen Afrikaner kann der Prozess, in dem verschiedene Aspekte des verwendeten Bildes entschlüsselt werden, dem Adressaten den Schock ersparen, den die nackten Tatsachen ausgelöst haben könnten. Heißt es nicht in einem chinesischen Sprichwort „ein Bild sagt mehr als tausend Worte"? Kyungu wollte den Schock vermeiden, hat aber leider nicht nur hervorgerufen, dass seine Beziehung mit den Dumonts einen Knacks bekommen hat, sondern hat zudem noch den Stempel dessen aufgedrückt bekommen, der sich undeutlich ausdrückt.

Es gibt des weiteren noch viele andere Situationen, in denen Missverständnisse auftreten, die aber auch auf hundert Seiten nicht alle aufgelistet werden könnten. Zusätzlich zu den Erfahrungsberichten sind einige mehr oder weniger entfernte Phänomene hervorzuheben, die interkulturelle Missverständnisse nicht nur auf der persönlichen sondern auch auf der institutionellen Ebene mit sich bringen.

7. WEITERE URSACHEN

Wenn es darum geht, systematisch Gründe für Missverständnisse aufzuzeigen, bietet es sich an, einige Vergleichselemente zwischen einem Afrikaner und einem Europäer hervorzuheben und dann zu tiefer verwurzelten Gründen vorzudringen. Außerdem werden auch einige Elemente unterstrichen, die mit den zwischenmenschlichen Beziehungen im Allgemeinen zu tun haben.

7.1. Einige Vergleichselemente

7.1.1. Beziehungen und Wirtschaft

Während der Afrikaner funktionierende Beziehungen für eine gute Organisation und Bestehen der Gesellschaft in den Vordergrund rückt, weist der Europäer der Wirtschaft diese Rolle zu. Für einen Afrikaner sind Beziehungen die wesentlichen Faktoren einer Gesellschaft, da die Gesellschaft für ihn eine *Gemeinschaft* ist. Wir erinnern uns an sein ausgeprägtes Harmoniebedürfnis im Bezug auf die Natur inklusive aller anderen Mitglieder der Gesellschaft. Daher kommt es auch, dass viele Afrikaner in wirtschaftlichen Belangen familiären oder befreundeten Geschäftspartnern gegenüber nicht die Härte an den Tag legen, wie es in Europa der Fall ist. Die öffentliche Meinung würde es z. B. verurteilen, wenn ein Geschäftsmann einen Cousin oder einen Freund vor Gericht brächte, um die Rückzahlung von Schulden einzuklagen.

Ein Europäer könnte im Namen des kapitalistischen Prinzips fast alles opfern, wenn er dadurch seine Interessen wahren kann. Eine Beziehung ist in seinen Augen nur insoweit gut wie sie seine Interessen, vor allem die wirtschaftlichen, bewahrt. Die Europäer zeigen sich in der Wirtschaft unnachgiebig, die Afrikaner sind in Beziehungsfragen anspruchsvoll.

Ein Afrikaner, der beobachtet, wie viel Stress der westliche Kapitalismus mit sich bringt, wird sich darauf beschränken zu sagen: „Geld macht nicht glücklich." Der Europäer hingegen sieht die wirtschaftlichen Probleme, die in vielen afrikanischen Ländern herrschen und tröstet sich: „Was habe ich von guten zwischenmenschlichen Beziehungen, wenn ich nichts zu essen habe?" Die afrikanische wie die europäische Gesellschaft laufen Gefahr, in einen Teufelskreis zu geraten, wenn sie keine interkulturelle Ergänzung zulassen. Interkulturalität ermöglicht es, dass eine Gesellschaft sich öffnet oder dass eine kulturelle Synthese stattfindet, die man in folgende Formel einprägen kann: „Geld alleine macht nicht glücklich aber trägt zum Glück bei. Geld muss dem Menschen dienen und nicht der Mensch dem Geld."

Dem ist hinzuzufügen, dass ein Afrikaner im Sinne der Priorität, die er Beziehungen in der Gesellschaft einräumt, selbst in offiziellen oder „verwaltungstechnischen" Kontakten erwartet, dass ihm mehr Vertrauen entgegengebracht wird. Daher kommt es auch, dass viele Afrikaner es sich nicht trauen, in Vereinen zu verlangen, dass ein Konto eingerichtet wird oder, schlimmer noch, mancher Afrikaner, der Kassenwart in einem Verein ist, fühlt sich angegriffen, wenn man von ihm Genauigkeit in Geldangelegenheiten verlangt, weil er das Gefühl hat, dass die anderen ihm nicht genug vertrauen. Das Sprichwort, demzufolge „Vertrauen gut aber Kontrolle besser ist" müsste bei den Afrikanern eine viel größere Rolle spielen.

Im übrigen ist die Ehre in der afrikanischen Mentalität von größter Bedeutung und wird als eine der menschlichen Tugenden gepflegt mit dem Ziel, die *guten Beziehungen in der Gesellschaft* zu bewahren. Der Kontakt mit Europa – wo die Wirtschaft tonangebend ist – bringt heute eine Verschiebung des Hauptinteresses mit sich. Da ist der Ehre würdig, wer über die meisten materialistischen Güter verfügt und für / in der Gesellschaft große Summen zur Verfügung stellen kann. Daher auch der Kampf um alles, woran man sich bereichern kann, teilweise die unsittlichsten Dinge. Es besteht somit eine Afrika-interne Krise zwischen denen, die die *Ehre der Tugenden* innehaben und denen, die die *materialistische Ehre* haben. Es ist die philosophische Problematik des Habens und des Seins.

Zudem besteht in Afrika ein Sozialsystem, „das eine Unbekümmertheit bis hin zur Sorglosigkeit im Bezug auf Zukünftiges mit sich bringt."[1] Diese Haltung schockiert die europäischen Partner sehr, die gelernt haben, im Voraus zu rechnen, für die Zukunft zu sparen, aber auch zu planen und die Zukunft zu sichern, indem sie Rentenversicherungen und Lebensversicherungen abschließen. Diese Denkweise ist für einen Europäer fast normal, während ein Afrikaner sich selbst überwinden muss, um sich darauf einzustellen. Und wenn der / die europäische Partner(in) nicht genug Geduld aufbringt, um ihm dabei zu helfen, diese Selbstüberwindung – wenn nötig – zu schaffen, geraten die Partner in ein Spannungsverhältnis aus gegenseitigen, abwertenden Vorwürfen.

Ein Afrikaner hingegen wird sich aufgrund seiner „gemeinschaftsorientierten" Erziehung sehr dafür einsetzen, Mitgliedern seiner Familie oder sogar Freunden und Bekannten materiell behilflich zu sein. Das führt häufig zu Auseinandersetzungen mit dem europäischen Partner[2], wenn derjenige sich anstrengt, um seiner Erziehung gemäß möglichst viel zu sparen und so seiner (Klein-) Familie eine Sicherheit für die Zukunft zu gewähren. In der afrikanischen Tradition wird, wie oben erwähnt, den Bürgern (Männern wie Frauen) das Besitzrecht anerkannt, das Nutzungsrecht hingegen ist gemeinschaftlich oder fast gemeinschaftlich; das variiert von Gegend zu Gegend. Denn in der afrikanischen Tradition ist für jeden Menschen das Recht auf materielle Solidarität vorgesehen.

---

[1] Cheikh Anta Diop, Op. cit. S.185.

[2] Vgl. Pierrette Herzberger-Fofana, Binationale Ehen in Deutschland, in: Zeitung *Béto*, Düsseldorf, Ausgabe Nr. 19/1997, S. 22.

7.1.2. Gastfreundschaft in Afrika

Ein weiterer Bestandteil, der nicht weniger wichtig ist, ist die afrikanische Vorstellung von *Gastfreundschaft*. Alle Europäer, die schon ohne ein Gefühl von Überlegenheit in Afrika waren, haben diese Eigenschaft einstimmig anerkannt. Der Gemeinschaftssinn und der oben genannte *natürliche Bund* bringen es mit sich, dass ein Afrikaner jedem sein Haus öffnet, sei es ein Besucher, ein Ausländer oder ein in jeglicher Form Bedürftiger. Obwohl die Sicherheitssysteme in Afrika längst nicht so verbreitet sind wie in Europa, wo man sehr früh die Polizei rufen kann, hat der Afrikaner keine Skrupel, jedem seine Tür zu öffnen, der hereinkommen möchte; das gemeinschaftliche Lebensgefühl fordert eher dazu auf, in gegenseitigem Vertrauen miteinander zu leben. Das schließt natürlich die Möglichkeit von Risiken oder von Gefahr nicht aus. In der europäischen Denkweise wird der mögliche Gefahrenfaktor mit eingerechnet, und man neigt dazu, sich in sein eigenes Misstrauen zurückzuziehen. In Afrika besucht man jemanden mit oder ohne vorherige Verabredung; in Europa ist es, abgesehen von einigen Dörfern, üblich, wenigstens vorher anzurufen. Und wenn man in Afrika einen Reisenden beherbergt, von dem man keinen Familienangehörigen kennt, meldet man das – in einigen Gegenden – dem Dorfoberhaupt.

Die europäischen Sicherheitssysteme sind dafür geschaffen, den Bürgern in ihren Häusern und Wohnungen ihre Sicherheit zu gewähren und sie gegen jede Art von Aggressivität zu schützen. Aber von einem psychologischen Standpunkt aus betrachtet, nährt dieses System eher eine innere Psychose als dass es Abbild eines tiefen inneren Friedens wäre. Wenn es in Europa jemand wagt, bei einem anderen zu klingeln, ohne das vorher zu verabreden, stellt man sich zunächst viele Fragen, bevor man die Tür öffnet oder auch nicht.

Man muss zugeben, dass der Afrikaner ein natürliches Vertrauen hat. Manche Beobachter meinen, dass die Afrikaner diese vertrauensvolle Haltung den anderen gegenüber haben, weil sie während ihrer Kindheit lange von ihrer Mutter auf dem Rücken getragen wurden. Demzufolge bedeutet dieser intensive Körperkontakt mit der Mutter eine gewisse körperliche Wärme, die, unterstützt von der mütterlichen Zärtlichkeit, dem Afrikaner ein positives und vertrauensvolles Grundgefühl vermittelt.

Eine andere Hypothese, die plausibel scheint, ist die, dass viele Geschichten, Märchen und Mythen der afrikanischen Tradition erzählen, dass ein Fremder ein Bote Gottes oder der Götter sein kann. Somit

beherbergt man in dem Fremden vielleicht einen Boten Gottes oder der
Götter oder gar einen der Götter selber. Wenn man das macht, erhält
man den göttlichen Segen.

Diese Vorstellung, dass man Gott empfängt, wenn man einen Fremden
beherbergt, und dann auch Gottes Segen bekommt, findet sich auch in
der semitischen Mentalität wieder. Abraham lud großzügig drei Fremde
zu sich ein. Letztere segneten Abrahams Haus und versprachen seiner
Frau Sara, dass sie trotz ihres hohen Alters ein Kind bekommen würde.
Sara wurde schwanger und gebar einen Sohn.[1]

Der afrikanische Sinn für Gastfreundschaft beinhaltet nicht nur, dass
man einem Fremden sein Haus öffnet sondern auch, dass man ihm von
allem, was man hat, das beste schenkt, damit er sich wohlfühlen kann.
Das bedeutet, dass ein afrikanischer Gastgeber mit einem Fremden
sein Essen teilt, selbst wenn er selber nicht genug hat. Manche stellen
dem Fremden sogar ihre eigene Schlafstätte zur Verfügung und suchen
sich selber einen provisorischen Schlafplatz. Bis in die Phase der Un-
abhängigkeitsbewegungen in den 60er Jahren hinein hatte sich über
Generationen die Gewohnheit gehalten, immer mehr vorzubereiten als
eigentlich nötig war, um auch einen Fremden mit versorgen zu können,
der unangemeldet auftauchen könnte. Es gab sogar am Eingang von
einigen an der Straße gelegenen Häusern Wasserkrüge, damit durstige
Reisende sich erfrischen konnten. Der europäische Einfluss hat dieses
soziale System heutzutage verändert, aber die grundsätzliche Tendenz
ist immer noch zu beobachten.[2] Es ist nicht immer leicht, mit diesen
Elementen in einer afro-europäischen Beziehung umzugehen, da bei
jedem der Partner eine andere Vorstellung seiner Beziehung zu Fremden zum Tragen kommt. Es ist jedoch so, dass Schocks und Spannungen vermieden werden können, wenn jeder den soziologischen und
erzieherischen Hintergrund des anderen im Bewusstsein behält.

Viele Menschen fragen sich häufig, wie ein Afrikaner es schaffen kann
zu teilen, ohne dafür großartig zu rechnen (wie es ein Europäer macht),
obwohl er häufig nicht, wie der Europäer, genügend materielle Güter

---

[1] Vgl. Die Bibel, Genesis 18, 1-15; 21, 1-3.
[2] Es ist erstaunlich zu beobachten, dass nun, während in Afrika unter dem europäischen Einfluss diese Gewohnheit, Wasserkrüge vor die Häuser zu stellen,
mehr und mehr aufgegeben wird, in den letzten Jahren in Europa Springbrun-
nen und andere Wasserstellen an öffentlichen Plätzen, in Geschäften und in
einigen Büros zu finden sind.

besitzt. Einer Afrikanerin wurde bei einem Kongress über Afrika die Frage gestellt, wie es sein kann, dass die Menschen in Afrika im allgemeinen glücklicher und entspannter als in Europa zu sein scheinen, obwohl es in Afrika doch mehr materielle Schwierigkeiten gibt. Yvonne hat darauf folgendes geantwortet: „Der Afrikaner erfreut sich an dem, was er hat, der Europäer beschwert sich über das, was er nicht hat." Diese beiden Lebenshaltungen haben eine unterschiedliche psychologische Wirkung auf das Leben. Wenn man mit dem zufrieden ist, was man hat, kann man auch geben und teilen, und dabei glücklich bleiben; aber wenn man nur das sieht, was einem fehlt, freut man sich nie über das, was man hat; zudem versucht man beständig seinen Besitz zu vergrößern, ohne jemals zufrieden zu sein.

Ralf, ein Europäer, der mit einer Afrikanerin zusammen lebt, spricht nach einer Reise durch Afrika unter anderem von dem Eindruck, den er von der Haltung gewonnen hat, die die Afrikaner Fremden und Ausländern gegenüber an den Tag legen. Er findet, dass die Afrikaner sich Fremden gegenüber recht verständnisvoll und tolerant zeigen. Und in der Tat geht ein Afrikaner *a priori* davon aus, dass ein Fremder die Regeln, die Sitten und Gebräuche einer Gegend nicht kennt. Im Gegensatz dazu sieht das Gesetz in Europa allgemein vor, dass jeder Bürger die Gesetze kennen muss, und auch ein Tourist wird als davon betroffen angesehen. Man stellt fest, dass da, wo der Europäer sich bemüht, Disziplin (Gesetze) durchzusetzen, der Afrikaner seinerseits versucht, die Harmonie zu bewahren, manchmal auch auf Kosten der Gesetze.

7.1.3. Geschriebenes und das Ehrenwort

Die Bedeutung, die der Europäer dem geschriebenen Wort, Papier oder einer Unterschrift zurechnet, sieht der Afrikaner im Gesprochenen. In der wirklichen afrikanischen Kultur entspricht die gesprochene Sprache dem, was in Europa *Ehrenwort* genannt wird. In Europa hat sich die *geschriebene Sprache* entwickelt; in Afrika herrscht die Tradition des *Gesprochenen* vor. So wie ein Europäer gut überlegt, bevor ein Dokument unterschreibt, denkt ein in der Tradition aufgewachsener Afrikaner lange nach, bevor er mündlich ein Versprechen gibt, denn er fühlt sich verpflichtet, wenn er etwas gesagt hat. Nicht etwa, weil die Polizei es überprüfen könnte, sondern zunächst mal, weil seine Glaubwürdigkeit in Frage gestellt wird, wenn er sein Wort nicht hält. Dieser Unterschied ist umso bedeutsamer als in einigen afro-europäischen Gesellschaften die Europäer bei Versammlungen häufig detaillierte Protokolle verfassen wollen, während die Afrikaner sich eher auf ihr Gedächtnis verlassen und es als selbstverständlich empfinden, dass alle anderen sich auch an alles erinnern können.

Dieses Gewicht, das das gesprochene Wort für den Afrikaner hat, ist umso größer als er weiß, dass ein sehr großer Anteil der menschlichen Kommunikation (vor allem im familiären und freundschaftlichen Bereich) mündlich stattfindet. Wenn somit ein Versprechen nicht eingehalten wird, ergibt sich eine Vertrauenskrise, von der die ganze Beziehung an sich betroffen ist. In der Gesellschaft würden sich dann Mauern aus Misstrauen bilden, und das widerspricht dem afrikanischen Gemeinschaftssinn.

In der afrikanischen Mentalität spielt die Erziehung zum *Ehrenwort* eine so wichtige Rolle, dass der Afrikaner nur schwer zwischen dem Gesagten und der Realität unterscheidet und davon ausgeht, dass jemand, der etwas sagt, sich dadurch verpflichtet und seinen Äußerungen Taten folgen müssen. Diese Auffassung von Gesprochenem in der afrikanischen Mentalität kommt der Rolle von Gesprochenem in der semitischen Mentalität nahe, die dem Gesprochenen eine schöpferische Kraft zuschreibt.[1] Ähnlich wie ein Europäer nicht schnell verzeihen wird, wenn jemand eine schriftliche Verpflichtung nicht einhält, gilt für einen Afrikaner leicht als unehrlich, wer ein mündliches Versprechen nicht einhält. So kommt es auch, dass mehr als ein Afrikaner gesteht, nicht mehr an die in Europa allzu häufig gebrauchte Phrase „Es tut mir Leid" zu glauben. Denn die Afrikaner denken, dass jemandem etwas nur dann wirklich Leid tun kann, wenn es mit einer Anstrengung dafür einhergeht, dass die Situation verbessert wird. Das ist oft nicht der Fall. Es hat Streitsituationen bei afro-europäischen Paaren gegeben, in denen der / die afrikanische Partner(in) seine / ihre europäische(n) Partner(in) als Lügner bezeichnet hat, weil der- / diejenige sich damit begnügt hatte zu beteuern, dass es ihm / ihr Leid tut. Dabei meinten diese Europäer das ganz ehrlich; solche Szenarien finden sich auch in der Beziehung Angestellter (Afrikaner) – Arbeitgeber (Europäer) wieder.

---

[1] Der Schöpfungsbericht in der Bibel bestätigt das: Gott sprach und die Welt existierte. Vgl. Die Bibel, Genesis 1. Die jüdisch-christliche Lehre geht in dieser Logik zudem noch weiter: Sie sieht in Jesus die Verkörperung vom Wort Gottes, das heißt hier wird Gottes Wort greifbar: „Et Verbum caro factum est; et habitavit in nobis". Vgl. Die Bibel, Evangelium nach Johannes 1, 14.

Dazu muss jedoch gesagt werden, dass viele Afrikaner, die in der Stadt aufgewachsen sind und kaum wirklich Kontakt mit dem Leben im Dorf hatten, dem gesprochenen Wort weniger Bedeutung beimessen.

7.1.4. Das Religiöse

Die Afrikaner sind sehr religiös und gläubig. Egal ob als Anhänger der traditionellen Religionen oder der sogenannten Offenbarungsreligionen, ist der Afrikaner stolz darauf, seinen Glauben in der Öffentlichkeit zu bezeugen. In Europa ist der Bereich des Religiösen Privatsache. Manche Europäer denken, dass die Afrikaner deshalb noch so religiös sind, weil Afrika nicht den technologischen Stand erreicht hat wie Europa. Dieses Argument scheint jedoch wenig überzeugend, umso weniger als es mehrere Gegenbeispiele gibt: Die Vereinigten Staaten und Japan – darin sind sich alle einig – sind wirtschaftliche Weltmächte und sind in der technologischen Entwicklung sicherlich nicht an letzter Stelle; aber ihre Bürger räumen der Religion in ihrem täglichen Leben eine wichtige Rolle ein. Es ist richtig, dass die Wissenschaft dem Menschen geholfen hat, eine Menge von abergläubigen Vorstellungen abzulegen und nicht mehr in allem ein Wunder zu sehen. Dennoch kann auch die Technologie nicht verhindern, dass manche Europäer an einigem Aberglauben festhalten. Mehr als ein Deutscher glaubt immer noch, dass es Unglück bringt, wenn man jemandem einige Stunden vor seinem Geburtstag gratuliert oder wenn derjenige seinen Geburtstag einen oder zwei Tage vor dem eigentlichen Festtag feiert; andere glauben, dass es Unglück bringt, wenn man am Tage eines Umzugs einen Spiegel kaputt schmeißt. In Frankreich wird von der Zahl dreizehn gesagt, dass sie Unglück bringt; deshalb haben auch viele Hotels kein Zimmer mit der Nummer dreizehn. In Italien bringt die Zahl siebzehn Unglück; in Flugzeugen der Fluggesellschaft *Alitalia* findet man keinen Sitzplatz mit der Nummer siebzehn; oder man darf weder Geld unter dem Bett verstecken noch einen Hut auf dem Tisch ablegen, usw. Sogar Intellektuelle haben solche abergläubigen Vorstellungen.

Heute findet man natürlich in der afrikanischen Jugend einige, die an Atheismus grenzende Meinungen vertreten, was häufig dadurch zu Stande kommt, dass sie im Philosophieunterricht in der Schule oder an der Universität Kontakt mit existentialistischen Autoren haben, die A-theisten genannt werden, und dadurch, dass sie Europa als Vorbild nehmen; aber im Großen und Ganzen steht die soziokulturelle Gemeinschaft Afrikas der Entwicklung von antireligiösen Gedanken ablehnend gegenüber. Wir sprechen hier nicht von einer Mentalität, die religiöse Freiheiten ablehnt – im Gegenteil – die afrikanische Kultur ist zutiefst religiös. Außerdem sind viele Afrikaner, die nach Europa gekommen sind, erstaunt über die Gleichgültigkeit und Distanz, die viele Europäer der Religion gegenüber an den Tag legen, und in binationalen Paaren neigt man dazu, sich der europäischen Haltung anzupassen, wenn der / die europäische Partner(in) weniger religiös ist. Der / die afrikanische Partner(in) spürt deutlich, dass ihm/ihr in dieser neuen, unbekannten (nicht afrikanischen) Umgebung die Unterstützung der neuen Familie fehlt, und er / sie begnügt sich damit, die Leere hinzunehmen, die sich in ihm / ihr im Bezug auf frühere religiöse Versprechen bildet. Er / Sie hat nicht immer den Mut von seinem / ihrem Problem zu sprechen, weil er / sie nicht wie jemand behandelt werden möchte, der eine überholte, veraltete Mentalität hat. Die europäische Neigung, fast alle Probleme mit der Vernunftlogik des Kartesianismus anzugehen, kann im allgemeinen die Erwartungen eines Afrikaners in seiner Beziehung zu einem Europäer nicht erfüllen. Sagt man, dass die Afrikaner manchmal zu einem gewissen Fanatismus neigen, so neigen die Europäer ihrerseits zu einem übertriebenen Rationalismus.

Es muss noch einmal betont werden, dass es ungerecht wäre, die mehr oder weniger religiöse Lebenseinstellung jedes „Individuums" anhand von deren Herkunft bestimmen zu wollen. Denn es gibt tief religiöse Europäer, die sich nicht scheuen, das auch zu bezeugen; genauso gibt es auch Afrikaner, die allem Religiösen gleichgültig gegenüberstehen oder für die Religiöses in einer Gruppe oder in der Beziehung zu anderen tabu ist. In einer als dauerhaft angelegten Beziehung ist wichtig und ratsam, dem Übersinnlichen im Zentrum der Beziehung Raum zu geben. Denn was auch unsere Entdeckungen und Erfolge sein mögen, wir bleiben doch Wesen, die ihre Grenzen haben. Das entspricht dem, was Molinié in diesem Sinne sagte:

> „In der wahren Liebe sind wir
> **Eins**, weil die Liebe und vereint;
> **Zwei**, weil die Liebe uns respektiert;
> **Drei**, weil die Liebe uns überflügelt."[1]

Außerdem legt der Afrikaner – so überraschend das auch für einige scheinen mag, die Afrika nur oberflächlich kennen – in seinen interreli-

---

[1] M.D. Molinié, in: Xavier Lacroix, Le Mariage, 3ᵉ ed., Les Ed. Ouvrières, Paris 1993, S. 42.

giösen Kontakten eine große Toleranz an den Tag. In Europa heißt das dann Religionsfreiheit. Mehrere Regionen Afrikas waren und sind noch immer polytheistisch. Niemanden irritierte es, dass man an mehrere Götter glauben konnte. Anhänger der unterschiedlichen Religionen lebten zusammen. In einigen Dörfern wurden Götter allgemein anerkannt, deren Gesetze dann im ganzen Dorf galten. Von solchen Fällen abgesehen konnte jeder an den Gott glauben, den er wollte. Das Zusammenleben verschiedener Religionen war eine soziokulturelle Errungenschaft. Seit die monotheistischen Religionen (das Christentum und der Islam) ihren Einfluss ausüben, ist aus diesem Zusammenleben eine hierarchisierte Beziehung geworden. Die Anhänger der monotheistischen Religionen werden dazu verleitet, sich den Anhängern der polytheistischen Religionen gegenüber überlegen zu fühlen.

Die Art und Weise, wie die Menschen bekehrt wurden, hat da auch eine große Rolle gespielt. Vor den kolonialen Einflüssen hatten die Anhänger der polytheistischen Religionen auch versucht, andere für ihre Religion zu gewinnen. Dies geschah jedoch mit einem gewissen Feingefühl anhand von Bezeugungen: „Mein Gott hat für mich oder für uns diese oder jene Zeichen gesandt; versuch es nur und du wirst sehen ...“; ich ignoriere jedoch nicht die Fälle, in denen Priester dieser traditionellen Religionen versucht haben, Gläubige an sich zu binden. Die Methode derer, die die monotheistischen Religionen mitbrachten, war vielmehr eine Hierarchisierung der Wertvorstellungen; es galt als fast unerlässlich, den monotheistischen Religionen beizutreten. Der dreißigjährige Religionskrieg in Europa bestätigt das. Und da die Afrikaner eine sehr weit entwickelte Gefühlskultur haben, waren viele, die sich den monotheistischen Glaubensgemeinschaften anschlossen, mit viel Eifer bei der Sache und machten sich diese importierte Methode zu eigen.[1] Es musste das zweite Vatikankonzil in den sechziger Jahren geben, bis man sich in Europa der Wichtigkeit von Religionsfreiheit bewusst wurde.

Wir müssen zugeben, dass Afrika zwar durch die importierte Bekehrungsmethode viel von seiner traditionellen Religionsfreiheit verloren hat, gleichzeitig hat es aber ein wichtiges Prinzip der monotheistischen Religionen geerbt: das religiöse Vertrauen der Anhänger verschiedener Religionen zueinander. Denn auch wenn (wie oben dargestellt) der Afrikaner spontan seinen Mitmenschen vertraut, gab es doch ein schlim-

---

[1] Es geht nicht darum, die Arbeit der ersten Missionare zu nicht wertzuschätzen. Der Mut und der Einsatz, mit dem sie sehr viel im sanitären Sektor und für die Alphabetisierung getan haben, verdient eine große Anerkennung.

mes Misstrauen – nicht etwa, wie das in Europa oft ist, zwischen einzelnen Personen sondern zwischen den Anhängern unterschiedlicher Religionen. In der Tat neigt jeder Gläubige dazu, die Macht seines Gottes
zu testen. Wenn es ihm gelingt, den Anhänger eines anderen Gottes zu
verzaubern, dann bedeutet das, dass sein Gott stärker war als der des
anderen. Auf diese Art und Weise versteiften sich die Anhänger der
polytheistischen Religionen auf ein schlimmes Misstrauen. Die monotheistischen Religionen haben ihre Anhänger von dieser Abhängigkeit
und diesem Misstrauen befreit. Das wird in den christlichen Religionen
besonders deutlich, wo das *Gebot der Liebe* nicht nur zur Liebe seines
Nächsten aufruft sondern auch die Feindesliebe propagiert.[1] Zum Beispiel bestehen zwar zwischen Katholiken und Protestanten Streitigkeiten über die Doktrin, aber nicht so ein Misstrauen wie man es zwischen
den Anhängern der verschiedenen polytheistischen Religionen beobachten kann.

Die Hierarchisierung der Werte, die die monotheistischen Religionen mit
sich brachte, war an sich nicht so gefährlich. Es muss angemerkt werden, dass zum Beispiel im Bereich der Moral das Prinzip der Feindesliebe dem Vergeltungsrecht, in dem es heißt „Auge um Auge, Zahn um
Zahn" deutlich vorangestellt werden muss.[2] Der Fehler entstand in einer
Verwirrung, derzufolge aus einem *Prinzip automatisch eine Tatsache*
werden sollte. Selbst wenn das Prinzip der Überlegenheit erreicht ist,
wird jemand, der einer christlichen Religion beitritt, durch seine Taufe in
diesem sozialen Bereich nicht automatisch einem Polytheisten überlegen. Man kann noch so schöne Prinzipien haben und doch schlechter
bleiben als jemand, der diese Prinzipien nicht hat. Es kann aber auch
damit zusammenhängen, dass die Europäer Strukturen, Institutionen
und Formalitäten ein bisschen mehr Bedeutung beimessen als die Afrikaner. Und da die aus Europa „importierten" monotheistischen Religionen in Kirchen institutionalisiert sind, gebührt ihnen in den Augen der
Europäer auch die höchste Priorität.

---

[1] „Liebt eure Feinde und betet für alle, die euch verfolgen ..." Die Bibel, Mat-
thäus 5, 43-44. Zitiert nach: Die gute Nachricht-Bibel. Revidierte Fassung 1997
der „Bibel in heutigem Deutsch". Durchgesehener Nachdruck. Stuttgart 1999.
[2] Die Tatsache, dass jeder sich glücklich fühlt, wenn ihm verziehen wird, nachdem er einen Fehler gemacht hat, zeigt, dass das Gebot der Feindesliebe dem
Vergeltungsrecht qualitativ überzuordnen ist.

7.1.5. Die Kunst der Lehre

In der Lehre können die Europäer am besten erklären und verstehen, wenn sie sich an Definitionen und Antworten auf das „Warum" orientieren; hier wird ein Phänomen häufig nur dann als real betrachtet und ihm eine Bedeutung beigemessen, wenn es dafür eine Definition oder zumindest eine Erklärung gibt. Die Afrikaner hingegen richten ihr Interesse auf die Art und Weise, wie etwas funktioniert, auf die Erfahrung (in seinem Verhältnis zur Natur) und das „Wie". Er schließt aufgrund der Folgen eines Phänomens auf dessen reale Existenz; die Definition des Phänomens kümmert ihn offensichtlich wenig. Ein Gespräch, das ich mit dem inzwischen verstorbenen Bischof Pierre Sheshie[1] zu diesem Thema führte, war sehr aufschlussreich.

Er berichtete von den Erfahrungen, die ein afrikanischer Student bei seinem Studium in Rom gemacht hatte. Er war während der Ferien in seinem Heimatland, wo er Recherchen über die traditionellen Religionen machte. Dabei befragte er seinen Onkel, der traditioneller Priester eines Gottes namens „Vodu X"[2] war, um zu erfahren, wer dessen „Vodu X" sei. Nun konnte sein Onkel natürlich seinen „Vodu X" nicht in europäischer Weise definieren, wie es der junge Student erwartete. Der Student ging daraufhin zu seinem Vater, und brachte ihm gegenüber sein Erstaunen darüber zum Ausdruck, dass sein Onkel seinen „Vodu X" nicht definieren konnte. Der Vater, der die Schule der Weißen kannte, aber noch mit der Tradition vertraut war, klärte das Missverständnis auf. Der Vater erklärte ihm, dass er seinen Onkel nicht fragen sollte, wer sein „Vodu X" ist sondern vielmehr, was sein „Vodu X" macht. Mit anderen Worten, anstatt um eine Definition von „Vodu X" zu bitten, wie es ein Europäer erwarten würde, müsste man einen Afrikaner eher bitten, die Werke und Erscheinungen des „Vodu X" zu beschreiben. Als der Student die Methode, die ihm sein Vater beschrieben hatte, angewandt hat, war er überwältigt von dem Resultat seiner Recherche, das seine Erwartungen überstieg.

Dieses aus vielen anderen ausgewählte Beispiel macht deutlich, dass man mehrere Wege gehen kann, um sein Wissen zu erweitern. Diese

---

[1] Bischof Pierre Seshie bekleidete sein Amt in Kpalime (Süd-Togo) von 1994 bis 2000. Unser Gespräch hat stattgefunden, als ich im Dezember 1998 meine Forschungen begann.

[2] « Vodu » ist der Name, mit dem alle Götter bezeichnet werden. Jeder „Vodu" wird dann genauer bezeichnet, was ich hier durch „X" darstelle.

Wege und Mittel dürfen nicht *a priori* festgelegt sein, wenn es um Zusammenhänge geht, die mit der menschlichen Gesellschaft zu tun haben. Sie müssen vielmehr jedem Umfeld angepasst werden. Wenn man
diese Vorgehensweise im Bereich der Wissenserweiterung nicht kennt,
kann in den afro-europäischen Beziehungen zu unfruchtbaren Dialogen
und zu vielen unnützen, schwerwiegenden Missverständnissen führen.
Es benötigt Zeit, eine sachliche Beobachtung und viel Geduld, in jedem
Zusammenhang herauszufinden, welche Methode die beste ist.

7.1.6. Der Zeitbegriff

Der Zeitbegriff ist ein nicht zu unterschätzender Grund für die Schwierigkeiten in afro-europäischen Beziehungen. Häufig spielt er eine wichtige Rolle sowohl in afro-europäischen Freundschaften als auch in Beziehungen und in Geschäftsbeziehungen in der Business-Welt.

Im allgemeinen hat der Europäer einen sehr präzisen Zeitbegriff. Er
wächst auf mit dem täglichen Erleben von Pünktlichkeit. Von seiner
Schulzeit über Verabredungen mit Freunden bis hin zur Arbeitswelt lebt
und entwickelt er sich in einem System, in dem alles recht präzise
kalkuliert wird. Wenn er zum Beispiel um zehn Uhr eine Verabredung
hat, weiß er, mit welchem Bus oder welcher U-Bahn er zu genau
welcher Uhrzeit fahren muss. Wenn er den Bus verpasst, weiß er
schon, dass er zu spät zu seiner Verabredung kommen wird. Heute, im
Zeitalter der Handys, informiert er sofort den oder die andere(n) über die
voraussichtliche Verspätung, sodass sie sich zeitlich darauf einstellen
können. Abgesehen von Verspätungen einiger öffentlicher
Verkehrsmittel werden diese in allgemeinen als pünktlich angesehen.

Der – kapitalistisch geprägte – Europäer verbindet schnell die Zeit mit
seinen wirtschaftlichen Interessen. Er macht sich ohne größere Probleme den englischen Spruch „Time ist money!" zu Eigen. Deshalb wird er
auch alles tun, um so viele Minuten wie möglich wieder rauszuholen. Er
ist sich bewusst, dass „die Zeit, die vergangen ist, nicht mehr wieder-
kommt", und folglich lässt er die Zeit nicht vergehen, ohne sie so gut wie
möglich zu nutzen. Das ist auch einer der Gründe, weshalb immer
schnellere Fortbewegungsmittel erfunden und gebaut werden. Diese Art
und Weise, die Zeit häufig sekundengenau zu planen, bringt einige Vorteile mit sich: die Zeit kann maximal genutzt werden, der Gewinn wird
maximiert, man verhindert Langeweile und Müßiggang etc.

Trotz all dieser Vorteile beinhaltet dieses Verhältnis, das der Europäer zur Zeit hat, auch große Schwierigkeiten. Man sieht den manchmal sogar übertriebenen Alltagsstress, den es mitbringt, wenn man alles auf die Minute genau plant und sich dann zwingt, es auch so einzuhalten. Sobald dann eine unvorhergesehene Verzögerung eintritt, bricht Panik aus! Die Menschen werden wie zu Sklaven ihrer eigenen Planung; es bleibt kaum Platz für spontane Entscheidungen; dieses System bringt ein fast mechanisches Leben mit sich.

Im Vergleich zu den Europäern begreifen / empfinden die Afrikaner Zeit ganz anders. Der Afrikaner ist all dem gegenüber abgeneigt, was für ihn Stress bedeuten könnte. Er nimmt sich Zeit, um sich um seine Angelegenheiten zu kümmern. Es gibt sogar den Spruch: „Gott hat den Europäern die Uhr gegeben und den Afrikanern die Zeit." Der Afrikaner hat also den Vorteil, dass er flexibler und toleranter ist, nicht zuletzt, weil auch die öffentlichen Verkehrsmittel in Afrika flexibler sind.

Dieser insgesamt sehr lockere Lebensstil der Afrikaner wird erweitert durch einen anderen Aspekt, der seine Unpünktlichkeit erklären kann. In der afrikanischen Tradition werden die traditionellen Oberhäupter mit viel Ehrfurcht und Achtung angesehen. Zu großen Versammlungen erscheint das Oberhaupt als letztes. Er kommt erst dann, wenn die Menge schon zusammengekommen ist. Eine These unter vielen andern besagt, dass viele Afrikaner dieses Verhalten langsam angenommen haben könnten und als letztes kommen, um ihre Wichtigkeit zu betonen. Diese Afrikaner hätten dann das traditionelle Phänomen anders ausgelegt. Sie würden bewusst oder unbewusst davon ausgehen, dass dadurch, dass sie andere warten lassen, ihre Wichtigkeit besonders deutlich wird.

Es muss betont werden, dass ein Afrikaner nicht in Strukturen aufwächst wie in Europa, wo alles genau kalkuliert wird. Dennoch ist es so, dass sogar Intellektuelle, die sich mit der europäischen Kultur sehr gut auskennen, nicht immer begriffen haben, dass man heutzutage nicht zu Ehre kommt, indem man zu spät kommt. Der Afrikaner bemüht sich, pünktlich bei der Arbeit zu erscheinen; aber in vielen Lebensbereichen ist sein Verhältnis zu Zeit oft nicht so gut. Sogar Afrikaner, die in Europa leben und alles daran setzen, einen Zug nicht zu verpassen, wenn sie verreisen, bringen oft irgendwelche Erklärungen vor und sagen, dass sie nach der afrikanischen Zeit leben, wenn es um Verabredungen mit Freunden oder um Versammlungen in Vereinen geht.

Unpünktlichkeit ist für einen Europäer natürlich unerträglich. Während ein Europäer meistens sogar noch einige Minuten vor der festgelegten Zeit erscheint, kommt ein Afrikaner meistens einige Minuten zu spät. Während die Europäer keine mildernden Umstände gelten lassen, um eine Verspätung zu entschuldigen, sind die Afrikaner ihrerseits übertrieben unpünktlich. Es soll noch mal daran erinnert werden, dass hier eine allgemeine Tendenz aufgezeigt wird; denn es gibt wohl einige Afrikaner, die sehr pünktlich sind und einige Europäer, die nicht in der Lage sind, pünktlich zu kommen.

7.1.7. Geschmack und Farbe

Jede Gesellschaft, jeder Mensch hat seine Vorlieben im Leben. Problematisch wird es, wenn jeder aus seiner Vorliebe eine Norm machen will. Das führt zu Schocks und zu viel Streit. Geschmack und Farbe sind eigentlich Dinge, die relativ gesehen werden müssen. Ein Beispiel: In Europa wird ein Käse umso lieber gegessen je herber er ist. Deshalb ist auch der „Camembert" eine der beliebtesten Käsesorten in Europa. Genau diese Eigenschaft ist es aber, die einem Afrikaner am wenigsten zusagt – abgesehen natürlich von denjenigen, die versucht haben sich anzupassen. Nicht gerne Käse zu essen wird von vielen Europäern als schlimme, fast undenkbare Ignoranz angesehen. Dabei wird vergessen, dass die Frage des Geschmacks eine Sache der Erziehung und der Gewohnheit ist.

Als zweites Beispiel kann angeführt werden, nach welchen Kriterien die Auswahl zu Miss-Wahlen in Europa durchgeführt wird. Diese Kriterien entsprechen nicht unbedingt dem Geschmack der Afrikaner. Das ist eine weitere Form der Universalisierung von europäischen Kriterien. Eine afrikanische Miss, die diesen Kriterien entsprechend ausgewählt wird, spiegelt nicht immer das Schönheitsideal der Afrikaner wider. Die Jury der Elfenbeinküste hat es geschafft, nach Kriterien zu entscheiden, die den afrikanischen Geschmack widerspiegeln. „Die Wahl der Miss Awalouba 2001 an der Elfenbeinküste ist alles andere als eine Versammlung von Topmodels ... – eine wohlgebaute Frau, die gar nicht den europäischen Schönheitskriterien entspricht." Pol Dokoui, Vorsitzender der Misswahl-Jury 2001 an der Elfenbeinküste erklärte: „Wenn Ihr Weißen seht, dass eine Frau natürliche Ketten am Hals hat, dann nennt Ihr das ‚Falten'. Wir unsererseits denken, dass das ein Zeichen von Schönheit ist."

Auch im Bezug auf Farben hängt die Interpretation von der Gegend ab. Rot wird zum Beispiel in mehreren Ländern als Zeichen der Gefahr angesehen. Und diese Auslegung wird verallgemeinert: Man sieht das zum Beispiel dem *Rot* in Ampeln, das in die Verkehrsregeln übernommen wurde. In China hingegen ist Rot zunächst mal ein *Zeichen von Glück* oder sogar von Glückseligkeit. Das alte Sprichwort ist bekannt: „Über Geschmack lässt sich nicht streiten."

Ein weiterer, nicht weniger wichtiger Aspekt ist der Einfluss der europäischen Christen auf die Interpretation bestimmter Farben. Im christlichen Europa werden die Engel als Weiße dargestellt und der Teufel als Schwarzer.[1] Es ist gesellschaftliche Norm, die Europäer „Weiße" zu nennen und die Afrikaner „Schwarze", obwohl sie weder wirklich weiß noch wirklich schwarz sind. Die Afrikaner haben zwar natürlich schwarze Haare wie viele Europäer auch, aber ihre Haut ist nicht schwarz. Genauso ist die Haut der Europäer – seien sie dunkelhaarig oder blond – nicht weiß. Ist weiß nicht die Farbe von Schnee?

Diese Faktoren führen neben anderen Einflüssen zu der distanzierten Haltung der Europäer den Afrikanern gegenüber. Selbst im einundzwanzigsten Jahrhundert gibt es noch Situationen in bestimmten Gegenden in Europa, wo Kindern beim Anblick eines Schwarzen weglaufen. Der technologische Fortschritt in Europa bringt noch nicht immer eine kulturelle Offenheit der Bevölkerung mit sich.

Gleichzeitig beobachtet man bei einigen Afrikanern – sowohl in Afrika als auch in Europa – das Phänomen, dass sie künstliche Produkte benutzen, um ihre Haut aufzuhellen. Im Gegensatz dazu sind es häufig genau die Europäer, die immer noch einem Afrikaner mit einer gewissen Angst (wegen dessen Hautfarbe) gegenübertreten, die sich im Sommer in die Sonne legen, um braun zu werden, die gerne schwarze Autos fahren und die gerne schwarze Kleidung tragen. Aber sobald ein Mensch auftaucht, der *natürlicher Weise* schwarze Haut hat, haben sie Angst! Dieser Widerspruch – der einiges kulturelles Konfliktpotenzial beinhaltet – könnte vermieden werden, wenn wir begreifen könnten, dass die Bedeutung, die wir einer Farbe und dem Geschmack beimessen, einer gesellschaftlichen Norm entspringt; so könnte jeder dieser Norm entsprechen, sie aber für sich selber relativieren.

---

[1] Man muss sagen, dass die Darstellung religiöser Bilder im Vergleich zu früher inzwischen viel freier geworden ist, aber die Nachwehen der Vergangenheit sind noch nicht abgeklungen.

7.1.8. Selbstverständliches und die Mehrheit

Nicht nur für afro-europäische Beziehungen ist es wünschenswert, unsere kulturellen Vorstellungen zu relativieren, sondern für jedes Volk, jeden Menschen, der sich anderen gegenüber öffnen möchte. Das demokratische Prinzip des Mehrheitsrechts, das von immer mehr Völkern angewendet wird (um den Pluralismus zu bewahren) stellt gewissermaßen unsere Denkweise darauf ein, zu einem gesellschaftlichen Zustand vor dem wissenschaftlichen Zeitalter zurückzukehren, als die Wahrheit an Zahlen festgemacht und Selbstverständliches durch Gewohnheit ermittelt wurde. Man denkt heute mehr und mehr, dass eine Mehrheitsentscheidung die wahre Entscheidung ist; und man schließt von Gewohnheiten auf Normalität. Allzu häufig wird von einer kulturellen Haltung oder Gewohnheit darauf geschlossen, dass „das normal ist".

Um etwas ohne Worte bejahen oder verneinen zu können, haben die Völker Kopfbewegungen mit bestimmten Bedeutungen belegt. Man bewegt den Kopf in der Vertikale, um Ja zu sagen und in der Horizontale, um Nein zu sagen. Vielreisende werden das für die Länder, die sie bereist haben, bestätigen. In Bulgarien hingegen ist die Bewegung genau andersrum: die Kopfbewegung in der Horizontale ist eine zustimmende Antwort und wer den Kopf in der Vertikale bewegt, deutet damit eine negative Antwort an.

Es gibt übrigens eine Anekdote über drei bulgarische Studentinnen, die für ihr Studium nach Deutschland kamen und die zunächst einen Deutschkurs machen mussten, bevor sie sich in der Uni einschreiben konnten. Der Deutschlehrer fragte sie am Ende der Stunde, ob sie alles verstanden hätten. Sie haben spontan geantwortet, indem sie den Kopf in vertikaler Richtung bewegt haben. In der nächsten Stunde hat der Lehrer einen Test schreiben lassen und war erstaunt, dass die Ergebnisse so katastrophal waren. Er fragte sie, warum sie nicht richtig gearbeitet haben, und die Bulgarinnen antworten, dass sie die Lektionen nicht verstanden haben. Der Lehrer erwidert erstaunt: „Habe ich euch denn nicht gefragt, ob ihr alles verstanden habt?" Daraufhin die Bulgarinnen: „Doch! Wir haben ihnen doch angezeigt, dass wir es nicht verstanden hatten!" Nur weil fast alle Völker übereingekommen sind, dass eine vertikale Bewegung des Kopfes bedeutet, dass man Ja sagt, darf man andere Möglichkeiten dennoch nicht ausschließen.

Der Familienname ist ein anderes Beispiel. In Afrika werden die jungen Menschen im Bezug auf ihre Eltern identifiziert und die Erwachsenen im Bezug auf ihre Kinder; man wird im Bezug auf seine Gruppe, seine Familienabstammung, seine Region identifiziert. In Afrika ist der Familienname, wie man ihn in Europa kennt, nicht üblich. Seit der Kolonialzeit jedoch wurde das europäische System in der Schule, in den Büros und in fast allen offiziellen Bereichen eingeführt. In den meisten Fällen wird dem Kind der Name des väterlichen Familienzweiges zugeordnet, und das ist ein Erbe des europäischen Patriarchats und des islamischen und christlichen Einflusses, weil das subsaharische Afrika mehrheitlich matriarchalisch geprägt war.

Heutzutage scheint es selbstverständlicher, dass jeder einen Vornamen und einen Nachnamen hat. In Indonesien zum Beispiel ist das nicht so: Dort bekommt jedes Kind zwei Namen; Namen, mit denen alle aufwachsen und ihre offiziellen Aufgaben erfüllen, abgesehen von der chinesischen Kolonie, die sich angesiedelt hat und indonesisch geworden ist (aber von chinesischer Abstammung ist), abgesehen auch von den reichen Familien.

Wenn man versucht, die Vorstellungen zu relativieren, die wir von unserer Umgebung erben und die wir tendenziell immer als gegeben hinnehmen, dann stellt man sich nicht blind, dann öffnet man sich dem kulturellen Reichtum gegenüber und schafft Wege, wie die Kulturen einander ergänzen können oder, besser noch, Phänomene in Bewegung bleiben. Es gibt noch viele andere und noch tiefer gehende Faktoren, die in interkulturellen Beziehungen und vor allem in afroeuropäischen Beziehungen zu Missverständnissen führen.

7.2. Sozio-ökonomische Kriterien

Es geht hier nicht darum, die verschiedenen ökonomischen Strömungen aufzuzählen, sondern darum, das aufzugreifen, was die Völker in ihrem jeweiligen ökonomischen Kontext konkret erleben. Dazu muss zunächst gesagt werden, dass die reichsten Länder – ohne es sich und anderen einzugestehen – sich den materiell weniger begünstigten Ländern gegenüber überlegen fühlen. Dieses inoffizielle aber wahrhaftige Phänomen hat automatisch Einfluss auf das Leben und den Charakter der Bevölkerung. So kommt es, dass ein Bürger eines westeuropäischen Landes sich, aus seiner Erfahrung heraus und ohne jegliches Misstrauen ärmeren Leuten gegenüber, einem osteuropäischen Bürger gegenüber überlegen fühlt. Letzterer erkennt seine Unterlegenheit an, fühlt sich aber seinerseits einem Afrikaner gegenüber überlegen. Ein Afrikaner muss somit mehrere Etappen überwinden, bevor er sich einem Westeuropäer ebenbürtig fühlen kann.

Diese Situation gibt niemand zu, aber sie ist real und wird beständig gelebt. Einige Afrikaner erleben sie wie einen aus Minderwertigkeits-komplexen bestehenden Teufelskreis, und zwar mit allen psychologi-schen Ungleichgewichten, die ein Mensch mit Komplexen an den Tag legt. Andere suchen in einer Anhäufung von materiellen Gütern nach Selbstbestätigung, manchmal in noch ausgeprägterer Form als im europäischen Kapitalismus. Das bleibt für die Sozialordnung in der afrikani-schen Kultur nicht ohne schwerwiegende Folgen. Wieder andere resig-nieren schlicht und ergreifend vor ihrem sozio-ökonomischen Minder-wertigkeitskomplex, als sei es eine unveränderbare Tatsache, die sie hinnehmen müssten; also ist es – wie sie denken – sinnlos, dass sie für eine Verbesserung ihrer wirtschaftlichen Situation kämpfen.

Unter denen, die sich für die ökonomische Befreiung von Afrika einset-zen, gibt es einmal diejenigen, die alle Etappen und klassischen Spuren Europas nachleben wollen, das heißt sie wollen Europa imitieren, weil sie – wie die europäischen Kolonialherren es wollten – denken, dass es nur ein universelles Schema gibt, nach dem die Evolution ablaufen kann; andere sprechen sich eher für eine ökonomische Entwicklung aus, die gleichzeitig die kulturellen Werte zu bewahren hilft. Die Anhän-ger dieser Vorstellung stellen sich vor, nur ergänzend auf das europäi-sche Vorbild zurückzugreifen.

Ein Afrikaner, der eine Beziehung (zwischenmenschlicher oder ge-schäftlicher Natur) mit einem Europäer eingeht, tut das auf der Grundla-ge seiner sozio-ökonomischen Voraussetzungen, die er auf die eine oder andere Art und Weise erträgt oder mit denen er sich abfindet. Auch der Europäer seinerseits trägt das soziokulturelle Erbe des Milieus in sich, in dem er aufgewachsen ist. Das führt bei dem Europäer oft zu einem Gefühl von Überlegenheit in seiner Beziehung zu dem Afrikaner. Dieses Gefühl bringt es mit sich, dass er häufig das letzte Wort haben will, den „Kenner" spielt und seine Maßstäbe als Norm für alle ansieht; in einem *zu positiven* Sinne führt dieses Gefühl von Überlegenheit gar manchmal zu einer Art extremem Paternalismus...

Damit eine afro-europäische Beziehung gut funktionieren kann, wäre es somit wichtig:

- eine Wahrheit *in sich selber* zu entwickeln, d.h. bereit zu sein, sich selber so zu akzeptieren wie man ist;

- eine Wahrheit *mit sich selber* zu entwickeln, d.h. seine persönliche sozio-ökonomische Gesinnung zu identifizieren, zu erkennen und objektiv mit ihr umzugehen;

- eine Wahrheit mit seinem Partner oder seiner Partnerin zu entwickeln, d.h. dass beide sich offen zeigen für einen *ehrlichen* Dialog, um gemeinsam die sozio-ökonomische Ausrichtung zu überwinden.

Diese Forderungen mögen zu anspruchsvoll erscheinen, aber die Erfahrung zeigt, dass wertvolle Dinge mühsamen Einsatz erfordern. Aber da, wo zwei Kulturen gut zusammenleben, sind in dieser Gemeinschaft in jedem Fall alle offen füreinander, und sie ergänzen sich gut. Und nur weil man seine sozio-ökonomische Einstellungen nicht anerkennt, heißt das noch lange nicht, dass es sie nicht gibt. Nur weil der Strauß sein Gesicht im Gras versteckt und seine Verfolger nicht mehr sieht (aber den Rest seines Körpers unbedeckt lässt), heißt das noch nicht, dass man ihn nicht mehr sieht. Es soll auch nicht darum gehen, diesen Einstellungen *zu* viel Gewicht zu verleihen, wohl aber darum, sie richtig einzuordnen. Man kann sich doch die Frage stellen, ob die vorübergehende Anwesenheit der Europäer in Afrika die Entwicklung dieser Einstellungen nicht beeinflusst hat.

7.3. Koloniale Einflüsse

Es geht nicht darum, alte Streitigkeiten zur Kolonialisierung wieder wachzurufen, sondern darum, die historische Wahrheit zu erkennen und mit den kolonialen Einflüssen so umzugehen, dass ein ausgeglicheneres und gelungeneres Zusammenleben möglich ist.

Afrika hatte vor dem Kontakt mit Europa seine eigenen autonomen sozialen, wirtschaftlichen und politischen Strukturen. Diese Strukturen basierten weder auf der kollektivistischen Denkweise noch auf der individualistischen Denkweise sondern auf der Kunst das „Wir" zu denken. Diese Strukturen organisierten und regelten das Zusammenleben der afrikanischen Völker, ohne dass Europa damit irgendetwas zu tun gehabt hätte.

Dann trat ein Ereignis in der Geschichte des Kontinents auf: *die Sklaverei!* Die Sklaverei war ein bestimmendes Element, das in Afrika offiziell den europäischen Individualismus eingeführt hat. Der äußerte sich so, dass Einzelpersonen – um ihren ganz persönlichen wirtschaftlichen Interessen zu genügen – sich gegen andere aufrichteten und so die

Gemeinschaftsstrukturen zerstörten. Europäische Händler hatten schon
geschäftliche Kontakte zu Einzelnen in den afrikanischen Küstenländern
aufgebaut, ohne jedoch systematisch die auf dem afrikanischen „Wir"
basierenden Strukturen durcheinander zu bringen. Zudem standen einige afrikanische Königreiche in Krieg miteinander (wie es das im übrigen
auch überall in der Welt gab). Auch das zerstörte die Struktur des afrikanischen „Wir" nicht.

Abgesehen vom „Eindringen" des europäischen Individualismus gab es
dann die europäische Vereinnehmung der Völker unter dem Begriff der
Kolonialisierung. Trotz der positiven Faktoren, die im Kolonialsystem zu
beobachten sind (die englische und französische Sprache, die die Verständigung zwischen Afrikanern einerseits und zwischen Afrikanern und
Europäern andererseits vereinfachen; der Rückgang der Kindersterbe-
rate usw.), hat es nicht die kulturellen Werte in Afrika von Grund auf
verändert? Es handelt sich hier nicht um Veränderungen, die jedes Volk
durchmacht. Mit allen kleinen, passenden Mitteln wurde dafür gesorgt,
dass die Afrikaner nicht nur ihre Strukturen, ihre Werte und ihre Denkweisen ablegten sondern auch und vor allem die europäischen Strukturen, Werte und Denkweisen als „Ideal" angeben. Mussten die Afrikaner
in den heutigen französischsprachigen Ländern nicht die französische
Nationalhymne „La Marseillaise" singen, und hatten afrikanische Schüler nicht Geschichtsunterricht, der speziell für französische Schüler kon-
zipiert war und in dem „Unsere Vorfahren die Gallier" ständig wieder-
kehrten? Sollten sie ihre eigene Geschichte und ihre Abstammung verneinen und die Gallier zu ihren Vorfahren ernennen?

Konsequenzen in der heutigen Zeit

Die europäischen Strukturen und Werte wurden dermaßen idealisiert
und haben sich dermaßen in der afrikanischen Mentalität eingeprägt,
dass sie den Mythos von Europa als dem Paradies auf Erden haben
entstehen lassen. Europa wird somit in allem als Referenz angesehen.
Es ist eigentlich eine Gehirnwäsche, die einige Jahrhunderte gedauert
hat. Eine Anekdote verdeutlicht symbolisch, wie wahr das ist. Es wird
von einer europäischen Touristengruppe erzählt, die in Afrika eine Frau
dabei ertappt, wie sie ihrem zwölfmonatigen Kind Schnaps zu trinken
gibt. Sie sprechen sie an und raten ihr dringend davon ab, dem Kind
Alkohol zu geben. Die Frau antwortet überzeugt, dass dieses Getränk
dem Kind nur gut tun könnte. Die Touristen, die nun neugierig geworden

sind, fragen die Frau warum. Die Frau antwortet: „Weil das Getränk aus Europa kommt".

Sei diese Geschichte nun wahr oder erfunden, sie zeigt deutlich eine leider tief verankerte Wahrheit in Afrika. Und die Tragik ist, dass der Afrikaner – wohl oder übel – seine Herkunft verneint, ohne jedoch jemals die europäische Identität zu erlangen. Ein afrikanisches Sprichwort zeigt das gut: „Wenn der Ast eines Baumes eine Weile im Wasser hängt, wird daraus noch kein Krokodil." Ist diese Verfälschung der afrikanischen Mentalität, die viele zu unterschätzen scheinen, nicht im Grunde schlimmer als Ausbeutung der Boden- und der natürlichen Ressourcen, derer sich viele bewusst sind?

Die Kolonialisierung war im Grunde nichts anderes als eine raffinierte Form der Beherrschung und der Manipulation. Sie hat nicht nur das afrikanische Denksystem auf den Kopf gestellt sondern vor allem auch Afrikaner davon überzeugt, dass die europäischen Strukturen die besseren sind, die ihrerseits in versteckter Form die Fortwirkung des kolonialen Geistes sicherstellen. Diese Tatsache steht für eine tiefe Wunde in Afrika. Der Kontinent fühlt sich hin- und hergerissen zwischen seinem Gemeinschaftssinn einerseits, der durch einen *natürlichen Bund* die Solidarität mit allen Afrikanern mit sich bringt, und der ernüchternden Feststellung andererseits, dass sich einige Afrikaner von ihrer Heimat distanzieren und sie verneinen; diese zweite Gruppe findet man sogar in den afrikanischen Intellektuellen-Kreisen, wo manche die afrikanischen Sprachen noch heute für Dialekte halten; sogar die europäischen Kolonialisten wagen es heute nicht mehr, das zu behaupten. Das hat natürlich Auswirkungen auf die kommenden Generationen: Ein Afrikaner hatte sein Studium in Europa beendet und kam in sein Heimatland (in Ostafrika) zurück. Er berichtet mir, wie enttäuscht er nach zwei Jahren in seiner Heimat von der dortigen Jugend war. Er erzählt, dass er die jungen Leute in ihrer afrikanischen Muttersprache grüßt und sie auf Englisch antworten; für sie bedeutet ihre Muttersprache zu sprechen ein Zeichen von Unterentwicklung; Englisch zu sprechen ist hingegen ein Zeichen von Entwicklung und Modernität. Das ist die traurige Realität, mit der Afrika umzugehen lernen muss.

Es ist doch bewundernswert, dass einige Elemente, die (wie weiter oben betont wurde) noch die kulturelle Einheit des subsaharischen Afrikas anzeigen, über mehrere Jahrhunderte westlichen Imperialismus bestehen geblieben sind. Afrika ist es sich selbst schuldig, diese Elemente zu schützen und sie zu fördern, bevor sie vollständig verschwinden. Es ist wichtig, sich dessen bewusst zu sein, um zu wissen, wie man in menschlichen Beziehungen im allgemeinen etwas verbessern kann. Denn auch sie können Ursachen für Missverständnisse sein.

7.4. In menschlichen Beziehungen im allgemeinen

Neben den spezifischen Missverständnissen in afro-europäischen Beziehungen gibt es für Missverständnisse auch andere mögliche Ursachen, die für die ganze Menschheit gleichermaßen gelten. Die afro-europäischen Beziehungen sind davon nicht ausgeschlossen.

7.4.1. Psychologische Konditionierung

Die psychologischen Kriterien, die im folgenden entwickelt werden, geben uns die Möglichkeit, die Psychologie unserer Mitmenschen in unseren zwischenmenschlichen Kontakten zu begreifen und auf sie einzugehen. Man muss sie kennen, um in jeder Art von zwischenmenschlichen Beziehungen Schwierigkeiten zu vermeiden und ein harmonischeres Miteinander in menschlichen Beziehungen zu ermöglichen. Jeder Mensch hat seine Vorlieben und seine eigene psychologische Konditionierung; es geht darum, das ausmachen zu können und darauf Rücksicht zu nehmen, um bessere Beziehungen in der Gesellschaft zu ermöglichen. Wenn im Gegensatz dazu die psychologischen Voraussetzungen des Partners ignoriert werden, so führt das zu Schocks und Spannungen in zwischenmenschlichen Beziehungen, in Partnerschaften und sogar in kollegialen Beziehungen bei der Arbeit.

Die Menschen können in drei Kategorien eingeteilt werden: *sehen, hören, fühlen.* Alle drei entsprechen der Sinneswahrnehmung: das Sehen, das Gehör und das Fühlen. Und obwohl alle drei Arten der Sinneswahrnehmung eine wichtige Rolle in der Psychologie eines jeden Menschen spielen, ist sehr oft eines der drei bei den einen besser ausgeprägt als bei den anderen.

Die Gruppe „sehen"

Das ist die Gruppe derjenigen, deren psychologische Empfindungswelt am meisten von den Augen beeinflusst ist. Die Menschen aus dieser Gruppe beobachten viel mit den Augen. Sie sind sehr aktiv und gestikulieren viel oder bewegen ihren Körper, um gesehen zu werden. Was sie sehen, ist sehr wichtig für sie. Sie reisen gerne, um andere Gegenden zu entdecken; sie gehen gerne oft ins Kino.

Wie kann man einen Menschen erkennen, der zu dieser Gruppe gehört? Ein Mensch aus dieser Gruppe wird, wenn man ihn zu einer Reise befragt, die er gemacht hat, seine Erlebnisse von dieser Reise erzählen, indem er den visuellen Aspekt besonders hervorhebt: Er beschreibt die Farbe und die Architektur der Gebäude, die Straßen, die schönen oder hässlichen Autos, ob ein Tag sonnig war oder nicht usw. Sein Gesamteindruck wird vor allem von den mit den Augen erfassbaren Elementen abhängen.

In einer Gruppe kommen diese Menschen leicht in Kontakt mit anderen Menschen, die die gleiche visuelle Ausrichtung haben. Ein gepflegtes und gutes körperliches Auftreten spielt eine wichtige Rolle, um ihre Sympathien zu gewinnen. Dazu gehört zum Beispiel, dass man sie respektvoll oder zumindest korrekt begrüßt; dazu gehört auch, in welcher Haltung man am Tisch sitzt, wie man in einem Sessel sitzt oder wie man neben ihnen hergeht; dass man ihnen kleine Geschenke macht; dass man sie anlächelt usw.

Die Gruppe „hören"

Das sind die Menschen, deren Gehör ihre psychologische Konditionierung bestimmt. Die Menschen, die dieser Gruppe angehören, reagieren sehr sensibel auf das, was sie hören. Sie sprechen nicht viel; wenn sie sprechen müssen oder wollen, suchen sie nach den passenden Worten. Sie sprechen langsam.

Woran kann man also erkennen, dass ein Mensch dieser Gruppe angehört? Wenn er nach einer Reise gefragt wird, die er gemacht hat, wird er seine gesammelten Erfahrungen der Reise erzählen, indem er hervorhebt, was seinen Ohren besonders aufgefallen ist. Zum Beispiel die Geräusche der Autos oder die besondere Stille eines Ortes, Glockengeläut, Musik in Läden, in denen er eingekauft hat usw.

In Beziehungen reagieren Menschen dieser Gruppe besonders sensibel auf Worte, die man an sie richtet. Sie wenden sich an ihre Partner mit Worten, die dazu beitragen, dass sie Beziehung lebendig bleiben kann. Ein Wort kann ihnen große Freude bereiten, genauso wie ein Wort sie sehr traurig stimmen kann. Sie mögen es häufig gerne, wenn ihr(e) Partner(in) ihnen sagt „Ich liebe dich!"; sie werden gerne freudig (mit einer lebendigen Stimme) begrüßt. Die großen Gesten der Menschen aus der Gruppe „sehen" sprechen sie nicht so sehr an.

Die Gruppe „fühlen"

Das sind die Menschen, deren Tastsinn einen besonderen Einfluss auf die Psychologie hat. Diese Menschen sind sehr empfänglich für alles Tastbare. Sie sind sehr langsam und haben es gerne ruhig. Sie duschen gerne sehr lange.

Woran erkennt man Menschen, die zu dieser Gruppe gehören? Wenn sie von einer Reise sprechen, die sie gemacht haben, betonen sie besonders alles, was mit Greif- und Fühlbarem zu tun hat. Kälte und Wärme, zum Beispiel, das Bett, in dem sie geschlafen haben, das Bad in der Menge bei einer Demonstration usw.

In Beziehungen nehmen Menschen dieser Kategorie gerne in den Arm oder werden gerne in den Arm genommen, sie küssen gerne und werden gerne geküsst. Körperkontakt bei Begrüßungen ist sehr wichtig für sie. Sie mögen die Menschen der Gruppe „sehen" nicht so sehr, weil diese sehr aktiv sind.

Wenn jemand aus der Gruppe „sehen" seinem Partner aus der Gruppe „fühlen" zum Beispiel eine Frage stellt, erwartet er häufig eine Antwort, die mit den Augen erfahrbar ist. Das führt zu Unzufriedenheit und manchmal zu Enttäuschung. Wenn derjenige, der die Frage stellt, die Psychologie des Partners, der antwortet, auch beachten würde, hätte er niedrigere Erwartungen oder er würde die Frage so formulieren, dass sein Partner leichter seinen Erwartungen entsprechen könnte. Wenn zudem derjenige, der die Frage beantwortet, im Gegenzug auch die Psychologie seines Gegenübers zur Kenntnis nähme, könnte er dessen Erwartungen leichter entsprechen. Das würde das Risiko verringern, dass man sich unterhält, ohne dass ein wirklicher Austausch stattfindet. Es ist nur empfehlenswert, die oben beschriebenen Neigungen entwickeln zu können.

Ohne die Menschen in einer Zugehörigkeit zu einem festgelegten Geschlecht pressen zu wollen, ist es wichtig, die allgemeinen Unterschiede zwischen der weiblichen und der männlichen Psychologie zu erwähnen, die in einer Beziehung auch eine wichtige Rolle spielen.

Die weibliche Psychologie

Allgemein gesagt möchten Frauen sich verstanden fühlen ; sie reden gerne, beklagen sich gerne und erwarten *nicht immer* eine Lösung für das, worüber sie klagen. Sie mögen es, wenn man ihnen Recht gibt;

selbst dann, wenn sie sich irren, hören sie gerne (vor allem von ihren Männern) zunächst: „Das ist ein guter Gedanke, aber ..." Eine Frau a-giert und reagiert häufig intuitiv und hat mehr Sinn für Heiliges. Sie möchte gerne respektiert werden und mag gutes Benehmen und Höf-lichkeit; wenn man sie vorgehen lässt oder „Bitte" und „Danke" sagt. Sie möchte für den, der sagt sie zu lieben, einzigartig sein und unersetzlich. Unentschlossene Männer, die sich nicht im richtigen Moment durchset-zen können, interessieren sie nicht. Sie möchte in ihrem Partner einen tapferen Menschen sehen. Viele Frauen fühlen sich von einem Mann angezogen, der sie zum Lachen bringt, aber es sind genauso Macht und Reife, Sensibilität und Sprechtalent, die sie anziehen. Sie möchte einen Mann, der gleichzeitig zärtlich und stark ist.

Die männliche Psychologie

Der Mann seinerseits möchte sich gerne und vor allem von der / seiner Frau bestätigt fühlen. Er hört gerne aus dem Mund seiner Frau: „Du bist mächtig, stark, tapfer ..." Er mag es, wenn man sich bei ihm bedankt und wenn seine Frau ihm gegenüber Dankbarkeit zeigt. Der Mann spielt gerne den großen Rationalisten und kann nur schlecht akzeptieren, wenn seine Frau ihm widerspricht. Männer und Frauen müssen sich ihrer eigenen Psychologie und der Psychologie des anderen bewusst sein, in Freundschaften genauso wie im Kollegenkreis und in Partner-schaften (seien es binationale Paare oder Paare aus zwei unterschiedli-chen Kulturen).

Zusätzlich zu diesen Tendenzen setzen Beziehungen *Humor* und *Po-tenzial für geistreichen Witz* voraus. Die Frau genauso gut wie der Mann blühen auf, wenn sie lieben und fühlen, dass sie geliebt werden. Wenn sich der Mensch geliebt fühlt, wird er sich seines Menschseins voll-kommen bewusst; er wird wirklich Mensch. Dann ist gegenseitiges Ver-trauen unerlässlich. Denn das Vertrauen in den anderen ist eine gute Motivation; folglich sind Misstrauen und Angst vor dem anderen die größten Feinde einer Beziehung, die an sich den Anspruch hat, aufrich-tig und dauerhaft zu sein. Man muss dem anderen vertrauen, nicht weil der unfehlbar wäre, sondern gerade weil er genauso wie man selber Fehler machen kann. Das ist der qualitative Sprung, der die Liebe über die Vernunft oder sogar über all unsere menschlichen Planungen er-hebt. Vertrauen und Freundschaft (oder Liebe) sind so eng miteinander verbunden, dass *Freundschaft ohne Vertrauen wie ein unvollendetes Kunstwerk ist.*

Die persönliche Komponente von Vertrauen muss an dieser Stelle unterstrichen werden: Vertrauen in einen anderen setzt unbedingt voraus,
dass man Selbstvertrauen hat. Ein gutes Vertrauensverhältnis kann der
Versuchung ausgesetzt sein, den Partner zu idealisieren, möglicherweise sogar so sehr, dass man denkt, das Leben hätte ohne den anderen
keinen Sinn mehr; das kann so weit gehen, dass man von einer Ver-
schmelzungsliebe sprechen müsste, in der beide Partner ihre Identitäten verlieren könnten. Im Gegensatz dazu können beide Partner sich
gegen eine solche Verschmelzung schützen, selbst wenn das bedeutet,
zu dem anderen sagen zu müssen: „Ich bin nicht auf die Welt gekommen, um mein Leben nach deinen Erwartungen zu leben."[1] Zwischenmenschliche Beziehungen können auf diese Art von Abweg geraten,
und dessen muss man sich bewusst sein.

7.4.2. Die Unangemessenheit von europäischen Projekten in Afrika

Das Verhältnis, das bei finanziellen Hilfsleistungen entsteht, kann leicht
zu Abhängigkeit bei der Person führen, der geholfen wird und bei demjenigen, der hilft, ein Gefühl von Überlegenheit hervorrufen. Im folgenden möchte ich mich mit Entwicklungshilfe und Missverständnissen
beschäftigen, die das Scheitern der Entwicklungsprojekte erklären.

Es gibt in Europa viel guten Willen, Afrika auf verschiedenen Niveaus zu
helfen. Die meisten Menschen, die sich engagieren, setzen sich für die
afrikanische Sache ein, indem sie Spenden geben, indem sie die sogenannten Nord-Süd-Beziehungen weiter vorantreiben, oder auch indem
sie Projekte vor Ort, in Afrika, organisieren.. Was die Organisation von
Entwicklungsprojekten angeht, so entstehen immer mehr Nichtregie-
rungsorganisationen und andere Gruppierungen, die Afrika helfen wollen.

Dennoch reicht guter Wille alleine nicht aus, um einer Gesellschaft zu
helfen sich zu entwickeln. Trotz der guten Absichten und der Mittel, die
die europäischen Partner zur Verfügung haben, muss festgestellt werden, dass eine große Anzahl von Projekten ihr Ziel verfehlen, weil sie
nicht auf Anpassung an die lokalen Gegebenheiten angelegt sind oder
nicht genügend tatsächliche Kommunikation stattfindet. Die Missverständnisse kommen häufig dadurch zu Stande, dass afrikanische Phänomene zu schnell übergangen werden und dadurch leider zu oberflächliche Lösungen gefunden werden. Denn „die Dinge sind nicht im-

---

[1] Vgl. Karl Hebert Mandel. Frieden in der Ehe, Freiburg 1984. S. 68.

mer wie sie zu sein scheinen". Ein Beispiel kann diese Darlegung deutlicher machen.

Im Jahre 1990 kam eine religiöse Gemeinschaft nach *Kongo Brazzaville* (Zentralafrika), zum einen für die Pastorale und zum anderen, um in den Priesterseminaren zu unterrichten. Aus einer sozialen Motivation heraus entschied die religiöse Gemeinschaft, der Bevölkerung in der Region, in der sie sich niedergelassen hatte, zu helfen. Was konnte sie machen? Die Situation der alten Menschen rief ihr Mitgefühl hervor. Also wurde 1995 beschlossen, Gebäude für „die alten Menschen" zu bauen, und sogar ein Altersheim in einem Dorf namens Makoua, das 772 Kilometer nördlich von der Hauptstadt *Brazzaville* liegt. Das Dorf hat ungefähr 9000 bis 9800 Einwohner. Als das Gebäude gebaut war, mussten die Helfer in die zweite Phase übergehen: die alten Menschen mussten für ihr Projekt gewonnen werden. Die Religionsgemeinschaft war überrascht, auf so viel kategorische Ablehnung von Seiten der alten Menschen zu stoßen, obwohl sie ihnen so viel „Luxus" anboten. Denn die Menschen konnten sich nicht vorstellen, ihre Häuser und Wohnungen zu verlassen und vor allem nicht die Geborgenheit der familiären Gemeinschaft. Die Gebäude haben mehrere Jahre hindurch leergestanden. Der letzte Stand der Dinge war, dass sie als Gesundheitszentren genutzt wurden.

Dieses Missverständnis hätte vermieden werden können, wenn die europäischen Wohltäter sich die Zeit genommen hätten, die Rolle zu begreifen, die die alten Menschen in der afrikanischen Familienstruktur spielen. Tatsache ist, dass diese alten Menschen in den neuen Gebäuden von einem materiellen Standpunkt aus gesehen besser aufgehoben gewesen wären als in ihren „Hütten". Aber nicht nur die materielle Komponente ist nötig, um einen Menschen oder eine ganze Gesellschaft glücklich zu machen. So sagte der Franzose Patrick Harmant ja auch: „Man muss zugeben, dass unsere europäische Denkweise zu genau, zu synthetisch, zu einschränkend ist ... Europa ist durch seine materiellen Errungenschaften so von sich selbst überzeugt, dass es alles in seine, jedoch sehr enge, Sichtweise zu zwängen versucht und nur seine Kriterien anwenden will."[1] Es geht natürlich nicht darum, die europäische Denkweise an sich verurteilen zu wollen; es geht vielmehr um eine Bewusstmachung und darum, dass die Europäer dazu ermuntert werden, ihren Horizont weit zu halten.

---

[1] Chemins de Dialogue, N°6, Octobre 1995, Marseille, S. 214.

Es gibt zudem Situationen, in denen Menschen – aus einfachem kon-
servativem Denken heraus – jegliche Art von Entwicklung ablehnen.
Jeder Art von Entwicklungsprojekt muss eine soziologische Umfrage
vorangehen; und die Menschen müssen *sensibilisiert* werden, wenn mit
dem Projekt der Mensch in seiner Ganzheit gefördert werden soll.

In einem Dorf war weder eine Befragung durchgeführt worden noch war
die Bevölkerung sensibilisiert worden, und so hat die Bevölkerung es
abgelehnt, die öffentlichen Toiletten zu benutzen. Sie erleichterten sich
trotz der Gefahren, die das beinhaltet, weiterhin in freier Natur. Denn in
dieser Gegend gibt es ein Tabu, das besagt, dass „zwei Löcher sich
nicht angucken". Es musste erst eine Befragung durchgeführt werden,
bevor man verstehen konnte, wie die ablehnende Haltung der Menschen zu Stande kam. Diese Befragung hat auch eine Sensibilisierung
der Bevölkerung ermöglicht, woraufhin diese sich langsam aber sicher
hat anpassen können.

So merkwürdig das auch scheinen mag, sind das doch nicht zu unterschätzende Tatsachen, wenn man sich engagiert, um in einem *menschlichen Umfeld* etwas zu verändern. In der Physik gibt es ein Prinzip, das
besagt, dass die gleichen Ursachen auch die gleichen Folgen hervorrufen. Das ist wahr. Dennoch haben in einem menschlichen oder soziologischen Bereich die Dinge leicht einen *trügerischen Anschein* und man
läuft immer Gefahr, zu oberflächlichen Lösungen zu kommen. Sind wir
dadurch, dass unsere menschliche Natur ihre Grenzen hat, somit nicht
implizit dazu aufgefordert, unsere Kenntnisse immer zu relativieren?

7.4.3. Sein und Schein

Es gibt das bekannte Sprichwort „Es ist nicht alles Gold, was glänzt",
das gut ausdrückt, dass mancher Anschein trügerisch ist. Das bedeutet
auch, dass unsere Sicht der Dinge *nicht immer* der Realität entspricht.
Die Erfahrung von Alain ruft uns auf, unsere Sichtweise gründlich zu
hinterfragen:

> „Alain erzählt, dass er eines Tages in einem Zugwagonabteil
> saß und träumend die Landschaft durch das Fenster vorbeirau-
> schen sah. Er sah Hügel, Felder und Kühe, die ganz still vorbei-
> zogen. Plötzlich sieht er direkt neben einer Kuh ein Monster mit
> sechs Beinen, schwarz, behaart und riesig groß! Er reibt sich
> die Augen und sieht einige Zentimeter vor sich eine einfache
> Fliege auf dem Fenster des Zugabteils sitzen! Als er die Fliege

erkennt, kann er auch die Distanz erkennen, die sie so täuschend groß hat erscheinen lassen."[1]

Ja ! „Die Dinge sind nicht immer wie sie zu sein scheinen !" Haben wir nicht auch wie Alain „Scheiben" oder Hindernisse, die uns von anderen Kulturen, von anderen Vorgehensweisen, von anderen Denkweisen trennen? Diese Hindernisse lassen Klischees in uns wachsen, mehr oder weniger festgelegte Urteile, einen abschätzigen Blick auf die Kulturen der Menschen um uns herum, die uns vorkommen können wie Monster; wir machen es noch nicht mal immer aus Böswilligkeit heraus. Diese Barrieren können das Milieu sein, in dem wir aufgewachsen sind und erzogen wurden, unsere Kontakte, unsere Religion, unser Glauben, die Massenmedien usw. Müssten wir nicht viel häufiger anhalten können, um uns die Augen zu reiben wie Alain, damit wir eine Fliege von einem Monster unterscheiden können?

Die Realität ruft uns anders zum Nachdenken auf! Wenn wir in Harmonie mit der Realität leben, ist das der einfachste Weg, wie wir uns selber befreien können und Harmonie mit unseren Mitmenschen aufbauen können. Harmonie mit der Realität herzustellen bedeutet zu versuchen, sie mit ihren Vorteilen aber auch mit ihren Grenzen zu entdecken.

8. DIE GRENZEN EINER JEDEN KULTUR

Aufgrund der Verdienste der Kultur ist jedes Volk geneigt zu glauben, dass seine Kultur die beste ist. Der Erhaltungstrieb bringt den Menschen dazu, seine Kultur zu idealisieren. Ein afrikanisches Sprichwort warnt uns vor dieser Gefahr: „Ein Kind, das noch nie woanders gegessen hat, denkt, dass seine Mutter die beste Köchin ist."

Obwohl die Kultur im Leben eines jeden Volkes und auch eines jeden Menschen eine wichtige und entscheidende Rolle spielt, hat jede Kultur auch ihre Grenzen. Keine Kultur ist perfekt; denn keine Gesellschaft und kein Mensch ist perfekt. Aufgrund dieser Grenzen und der mangelnden Perfektion jeder Kultur, muss jedes Volk – während es die Werte seiner Kultur vollauf genießen kann – diese Kultur relativieren, um sich die Möglichkeit und die Chance zu eröffnen, in anderen Kulturen das zu entdecken, was in der eigenen fehlt, und so der Perfektion etwas näher zu kommen. Das macht im übrigen das Dynamische an einer Kultur

---

[1] André Vergez et Denis Huisman, Cours traité de philosophie, tome 2, Fernand Nathan, Paris 1969, S. 20.

aus. Diese Dynamik ist ein wesentlicher Bestandteil von Kultur; jede statische Kultur würde sich somit früher oder später selbst zerstören.

Bedeutet die Grenzen seiner Kultur zu erkennen einen Verlust, oder ist es ein Zeichen von Weisheit? Bedeutet die Grenzen seiner Kultur zu erkennen nicht, dass man die Verbesserung bestimmter Aspekte zulassen kann? Bedeutet die Grenzen seiner Kultur zu erkennen nicht, dass man dafür sorgt, dass unpassende Bestandteile der Zeit und den Voraussetzungen angepasst werden? Bedeutet die Grenzen seiner Kultur zu erkennen nicht, sich davon überzeugen zu lassen, dass die Kultur „für den Menschen gemacht ist und nicht der Mensch für die Kultur"? Es ist somit nicht außergewöhnlich anzuerkennen, dass die afrikanische Kultur und die europäische Kultur auch ihre Grenzen haben. Aber woran könnte man das erkennen?

8.1. Die Grenzen des afrikanischen „Wir" und des europäischen „Ich"

Es gibt, wie weiter oben erwähnt wurde, einen gemeinschaftliches Verhältnis zwischen dem „Wir" und dem „Ich" und zwischen dem „Ich" und dem „Wir". Besagtes gemeinschaftliches Verhältnis ist permanenter Gefahr ausgesetzt, der Gefahr des Individualismus einerseits und der Gefahr der Dominanz durch das Kollektiv andererseits: während das „Ich" geneigt ist, dem Individualismus zu verfallen, neigt das „Wir" zur Dominanz des Kollektivs, wie ja in jedem Sozialsystem die Möglichkeit von Machtmissbrauch besteht.

Eine Heirat zum Beispiel wird in Afrika wie ein gemeinschaftliches Verhältnis zwischen zwei Familien oder sogar wie ein Bund zwischen (zwei) Familien angesehen. Das hat vielen Familien geholfen, der zerstörenden Kraft der Zeit entgegenzuwirken. Denn die Familien helfen sehr dabei, mit Streitsituationen fertig zu werden, die in einer Beziehung auftreten. Einige Familien hingegen nutzen ihre Rolle aus und suchen den Partner für ihre Tochter oder ihren Sohn aus, manchmal sogar gegen den Willen des zukünftigen Paares. So unterliegt das „Wir" der Versuchung, die das System der kollektivistischen Denkweise ausstrahlt.

Unter anderen Bedingungen kann das „Ich" manchmal der Versuchung des Individualismus erliegen, vor allem unter europäischem Einfluss. Viele – vor allem junge – Afrikaner nehmen die individuelle Freiheit in Europa als Vorbild und lassen ihrem „individuellen Ich" die Priorität vor dem „Wir"; sie suchen sich ihren Partner selber aus und ohne die Meinung oder das Einverständnis der Eltern einzuholen. Daraus ergeben sich aber auch Probleme, Scheidungen werden immer häufiger wie in Europa auch. Es ist wohl so, dass das individualistische System in Europa dem „individuellen Ich" *zu viel* Freiheit lässt; das ist dem Zusammenleben oder dem Eheleben nicht sehr zuträglich. Solange jeder Mensch zuerst und am meisten an sein persönliches Recht denkt, müssen Übereinkünfte, Harmonie oder Kompromisse wie schwierige Probleme erscheinen, die es zu überwinden gilt. Führt man diese Denkweise noch weiter, so macht das aus der Gesellschaft eine Welt der Monaden, wie wir sie von Spinoza kennen, in der keine Kommunikation zwischen den Menschen möglich ist. In Europa wird man sich dieser Gefahr in gewisser Weise bewusst; einige Lösungsversuche werden angestrebt wie die sogenannte „Kommunitarismus"-Bewegung in den USA, die sich in Europa langsam aber sicher durchsetzt.

8.2. Polygamie und Monogamie

Wenn es um Polygamie geht, ist Afrika ja verunglimpft. Es ist eine Tatsache, dass die Männer in Afrika mehrere Frauen heiraten, und das Bevölkerungswachstum ist hoch.[1] Die soziokulturellen Gründe dafür sind bekannt! Viele Kinder zu haben war unter anderem in Afrika wie ein Segen Gottes. Diese Vorstellung findet sich auch in der Mentalität der semitischen Völker wieder: „Kinder sind eine Gabe des Herrn, mit ihnen belohnt Er die Seinen. Kräftige Söhne sind für den Vater wie Pfeile in der Hand eines Kriegers. Wer viele solche Pfeile in seinem Köcher hat, der hat das Glück auf seiner Seite. Wenn seine Feinde ihn verklagen, verhelfen sie ihm zu seinem Recht."[2] Wenn ein Mann viele Frauen hatte, wurde das auch als ein Zeichen von Erfolg und Reichtum für den Mann angesehen, der dazu fähig war. Hier ist von Fähigkeit die Rede, weil der Mann Pflichten zu erfüllen hat: den Brautpreis, die Ausrichtung der Hochzeitszeremonie und später dann den Unterhalt für die Kinder, der sich so äußert, dass er der Frau am Markttag Geld geben muss, damit sie einkaufen kann. So wie wir es heute noch in einigen Gegenden beobachten, war es in der afrikanischen Mentalität undenkbar, Kinder zu zeugen und sie dann zu vernachlässigen.

---

[1] Wenn man von Bevölkerungswachstum in Afrika spricht, bedeutet das nicht, dass Afrika überbevölkert ist, wie einige es zu verstehen geben.

[2] Die Bibel, Psalm 127, 3-5. Zitiert nach: Die gute Nachricht-Bibel. Revidierte Fassung 1997 der „Bibel in heutigem Deutsch". Durchgesehener Nachdruck. Stuttgart 1999.

Zudem ist es nicht unwichtig anzumerken, dass ein Mann erhebliche Ausgaben hat, wenn er die Beerdigung seiner Schwiegereltern bezahlen muss. Und so steigt mit jeder weiteren Frau, die er nimmt, auch seine Verantwortung. Hinzu kommt, dass die Heirat – in der Mentalität der traditionellen Gesellschaft – für die Frauen gesellschaftlich und wirtschaftlich eine Absicherung bedeutete; denn die schwere Arbeit wurde von den Männern verrichtet. Es ist auch eine seelische Beruhigung; wenn eine Frau im heiratsfähigen Alter ledig bleibt, denken die Leute, sie muss eine komplizierte Frau sein, um von niemandem begehrt zu werden. Nicht verheiratet zu sein ist für die Frau Grund zur Beunruhigung. Das gilt übrigens auch für die Männer, und zwar in den meisten Fällen auch heute noch; oder aber sie werden als impotent angesehen. Natürlich ist man im Vergleich zu früher heute älter, wenn man heiratet. Das hängt mit der Schulpflicht zusammen, die die meiste Zeit der Jugend in Anspruch nimmt. Somit kann man einsehen, dass die Polygamie *nicht* zunächst zum Nachteil der Frauen eingeführt wurde, wie europäische Feministinnen so leicht anzunehmen scheinen. Im übrigen ist die Organisation der ganzen Hochzeitszeremonie den Frauen vorbehalten, die sich in einer Gruppe organisieren: Jede hat ihre Verantwortung und festgelegte Aufgaben. Außerdem ist die Hochzeit – zum Beispiel bei den Ewe in Südtogo – in zwei Phasen eingeteilt: eine schlichte Phase und eine festliche Phase. Ein Mann, der der Hochzeitszeremonie für seine Frau nicht die nötige Festlichkeit verleiht, wird am Tag seiner Beerdigung bestimmte Ehrbekundungen nicht bekommen. Und die Frau, für die eine solche festliche Zeremonie ausgerichtet wurde, wird in den Kreis der *verantwortlichen Frauen* aufgenommen.

In den polygamen Familien blieben der Mann, die Frauen und die Kinder prinzipiell zusammen. Die Kinder betrachten sich gegenseitig als Geschwister (und nicht, wie in Europa, als Halbgeschwister) und sehen in den anderen Frauen ihres Vaters nicht etwa Stiefmütter sondern Mütter. Die Frauen bereiten abwechselnd das Essen vor und diejenige, die an der Reihe ist, macht es nicht etwa nur für ihre Kinder und ihren Mann sondern für die ganze Familie, das heißt auch für die anderen Frauen und deren Kinder. Es gibt natürlich manchmal Probleme, wie überall anders auch und sogar zwischen Kindern der gleichen Mutter.

Seit der europäische Kapitalismus Einzug gehalten hat, hat das Familiensystem und vor allem die Polygamie sich mit erschreckender Geschwindigkeit entwickelt. Die neuen Frauen müssen in einem anderen Haus wohnen als der Mann und seine erste Frau. Die Kinder werden sozusagen geteilt oder fast gespalten; die Erziehung leidet darunter, da der Vater nicht mehr ständig anwesend ist ... Die Männer, die (aus religiösen oder finanziellen Gründen) nur eine Frau haben, beschränken sich in gewisser Weise darauf, eine weitere Frau zu haben, die allgemein „Geliebte", „Zweitbüro" oder „Botschaft" genannt wird.

Dieses Phänomen ist – in gewissem Maße – der Situation in Europa gleich. Europa hat die Monogamie eingeführt. Und viele Europäer haben eine sehr schlechte Meinung von der Polygamie. Es ist jedoch so, dass die Monogamie in Europa in vielen Fällen nur offiziell eingehalten wird. Da sie ihrem Wunsch nach Polygamie aus finanziellen und juristischen Gründen nicht nachgeben können, haben viele Europäer „Geliebte", während sie nach außen hin weiter die Polygamie verurteilen; ist das nicht eine weitere, versteckte Form der Polygamie? Viele Europäerinnen sprechen sich ihrerseits noch vehementer gegen die Polygamie in Afrika aus, aber ihre eigene Treue ist kaum beneidenswert. Umfragen, die im August und September 2001 in Frankreich durchgeführt wurden, zeigen, dass bei Familien, in denen die Eltern verheiratet sind, im Durchschnitt jedes zehnte Kind unehelich ist. Die Hamburger Gesellschaft für Erfahrungswissenschaftliche Sozialforschung (GEWIS) gibt an, dass 42% der Frauen zwischen 25 und 60 zur Zeit eine Affäre haben oder schon mal eine hatten.[1] Jede(r) zweite Franzose / Französin ist untreu, wenn er / sie in einer Liebesbeziehung steckt.[2]

Es geht hier nicht darum, die Polygamie hoch zu loben und die Monogamie zu verurteilen. Es geht vielmehr darum festzustellen, dass das Glück eines Paares nicht *a priori* in einem System festgeschrieben ist sondern davon abhängt, wie man sich im System verhält. Viele afrikanische Staaten haben im übrigen darüber nachgedacht, das Problem der zunehmenden Untreue dadurch in den Griff zu bekommen, dass sie die Polygamie gesetzlich erlauben oder sie zumindest als gesetzliche Möglichkeit vorsehen, so dass die Partner sich vor der Hochzeit entweder für die Polygamie oder die Monogamie entscheiden. Auch das hat die Situation nicht gebessert; die Schwierigkeiten sind bekannt, die das vor allem im Bezug auf die Treue des polygamen Mannes mit sich bringt. Bis 1998 hatten nur Burundi und die Elfenbeinküste die Monogamie eingeführt; sie sind – wie man es in Europa tut – davon ausgegangen, dass eine monogame Heirat die Voraussetzung für die gegenseitige

---

[1] Forsa im Auftrag des Stern 45 / 2001, S.46.
[2] Vgl. : www.France-jeunes.net auf dem Stand vom 06.08.2002.

Treue der Partner ist. .[1] Auch ihnen sind die Probleme mit Untreue, die man in Europa hat, nicht erspart geblieben.

Europa und die jüdisch-christliche Kirche haben sich für die Monogamie ausgesprochen; die Gepflogenheiten der afrikanischen Tradition und der islamischen Religion erlauben die Polygamie und rechtfertigen sie in ihrer Weise.

Wenn man sich des möglichen Einflusses bewusst ist, den Traditionen und vor allem Religionen auf das Leben der Menschen haben können, dürfte man dieses Problem nur sehr vorsichtig angehen, da uns allen daran gelegen ist, dem sozialen Frieden zuträglich zu sein. Es wäre vermessen, auf wenigen Seiten eine vollständige Lösung für ein Problem dieses Ausmaßes erarbeiten zu wollen.

Es ist anzumerken, dass die moderne Gesetzeslage die Situation der Frau in Afrika vor allem im Scheidungsfall verbessert hat. Und wenn in der Vergangenheit einige Frauen von ihren Eltern gezwungen wurden, aus dem einen oder anderen Grund einen polygamen Mann zu heiraten, so ist das heute fast nie mehr der Fall. So kann man also feststellen, dass die Frauen heute aus freien Stücken in Afrika die Polygamie leben oder in Europa außereheliche Beziehungen haben. Fordert uns diese Beobachtung nicht dazu auf, etwas mehr nachzudenken, bevor wir allzu leicht Lösungsvorschläge anbringen oder leichtfertige Urteile fällen?

Ein Wechsel von der Polygamie zur Monogamie kann nur in der Gesellschaft gut funktionieren, wenn er sich auf persönliche Überzeugungen gründet. Es erscheint unerlässlich, die Menschen in diesem Sinne zu beeinflussen und dabei im Auge zu behalten, wovor der Soziologe Harris warnt: „Nur Verhaltensänderungen, die das Geschlecht betreffen, sind langwierig und vor allem vom Mann schwer zu akzeptieren."[2] Es wäre zu oberflächlich, wenn man die Diskussion einzig auf die Wahl zwischen Monogamie und Polygamie beschränken würde. Wer nicht genau weiß, wovon er spricht, wenn er aus persönlicher Überzeugung eine von zwei Möglichkeiten wählt, bei dem ist das Vorhaben zum Scheitern verurteilt.

---

[1] Vgl. : Dagbedji Ayena, La femme mariée togolaise à la recherche de son régime matrimonial, Mémoire de Maîtrise en Sciences Juridiques, Université de Lomé, 1998, S. 46.
[2] Marvin Harris, in: Dagbedji Ayena, opus cit., S. 47.

In Afrika brauchen die Frauen eine finanzielle Absicherung bzw. finanzielle Selbstständigkeit, um sich aus einer Heirat zu lösen, die aus finanziellen Gründen geschlossen wurde und aus der sich eine finanzielle Abhängigkeit ergeben hat. In Europa steht den Frauen die Unterstützung des Staates zur Verfügung, wenn sie vorher keine bezahlte Arbeit hatten, und sie sind finanziell sehr unabhängig. Es reicht also nicht aus, gegebene Systeme zu verherrlichen; nur begleitet von tatsächlichen Mitteln können sie dem Menschen zugute kommen.

8.3. Beschneidung, Inquisition und Waffenhandel

In nicht nur einer afrikanischen Gesellschaft wurden traditioneller Weise die Jungen und/oder die Mädchen beschnitten. Die Alten, die diese Riten durchführten, taten das, indem sie sich genau an die Vorgaben hielten, die die in präzisen Kontexten entwickelte Tradition ihnen machte.

Heute bestätigt die Medizin die Notwendigkeit der Beschneidung von Jungen und empfiehlt sie sogar unter anderem aus hygienischen Gründen. Im Gegensatz dazu verurteilt sie die Beschneidung der Mädchen. Für europäische Frauenrechtler entsteht die Beschneidung von Mädchen oft einzig aus dem Willen, den Frauen in Afrika Schaden zuzufügen. Es wäre jedoch vielmehr nötig, dass die Gegenden, in denen die Beschneidung von Mädchen noch praktiziert wird, über die Gefahren, die damit verbunden sind, aufgeklärt werden. In jeder menschlichen Gesellschaft gibt es gute Errungenschaften wie die Beschneidung von Jungen, aber auch kollektive Fehler wie zum Beispiel die Beschneidung von Mädchen in Afrika und die Inquisition in Europa. Im Prinzip war die Hexenverfolgung in Europa um nichts besser als die Beschneidung von Mädchen in Afrika. Und als man sich in Europa des Fehlers bewusst wurde, den man mit der Hexenverfolgung machte, geschah deren Abschaffung nicht auf einmal wie durch einen Schlag mit dem Zauberstab. Ist es zudem nicht erstaunlich, wie sehr einige europäische Staaten Waffenhandel betreiben, während sie gleichzeitig große Friedensplädoyers halten? Um nur ein Beispiel unter vielen zu nennen: Die beiden deutschen christlichen Kirchen (die evangelische und die katholische) haben ihre Regierung kritisiert, die im Jahr 2000 Waffen im Wert von rund fünf Milliarden D-Mark exportiert hat und damit weltweit auf dem fünften Rang der Waffenexporteure lag.[1] Müssen wir uns weiter nach

---

[1] Rhein-Neckar-Zeitung, Nr. 292, 18. Dezember 2001, S. 11.

dem alten römischen Prinzip verhalten, nach dem „derjenige, der Frieden will, sich zum Krieg rüsten muss"?

Stellt das Ungleichgewicht im internationalen Handel nicht auch einen wichtigen Faktor dar, der verhindert, dass die sogenannten Nord-Süd-Beziehungen, insbesondere zwischen Afrika und Europa, sich verbessern können? Wie kann man sich für eine dauerhafte Entwicklung und für gesunde Beziehungen auf unserem Planeten einsetzen wollen, wenn man gleichzeitig seinen Partner bewusst ausnutzt? Das ist eine gute Gelegenheit, all denen Tribut zu zollen, die sich in den europäischen Ländern für einen ausgewogenen Handel stark machen. Ich spreche da von Organisationen wie dem „Comité Contre la Faim et le Développement" (Das Komitee gegen Hunger und Entwicklung) und der „Fédération Artisans du monde" (Vereinigung der Handwerker der Welt) in Frankreich; in Deutschland von „Dritte Welt Partner" (DWP), „Eine Welt"; in der Schweiz von der „Vereinigung 3.Welt-Läden" (V3WL); in Belgien von „Magasins du monde OXFAM" (Geschäfte der Welt) usw.

Die Beschneidung, die Inquisition, der Waffenhandel, und die Ungleichheit in den Handelsbedingungen sind unter anderem Punkte, an denen deutlich wird, dass die afrikanische und die europäische Gesellschaft ihre Grenzen haben. Aber ein gemeinschaftliches, soziales und interkulturelles Leben ist nur möglich, wenn jede Gesellschaft, jeder Einzelne davon absieht, die Kultur des anderen (nur wegen deren Fehlern) schwarz zu malen, und statt dessen versucht, den anderen zu verstehen, bevor er dessen Fehler zu korrigieren und seine guten Eigenschaften zu fördern versucht. Sind es nicht die gegenseitigen Beschuldigungen zwischen Einzelpersonen und zwischen Völkern, die auf dem kürzesten Weg den sozialen Frieden zerstören? Und sind diese Beschuldigungen nicht ein Zeichen dafür, dass es innere psychologische Probleme gibt oder aber dafür, dass man versucht, die Fehler der eigenen Kultur zu vertuschen?

9. WIE KANN DIE ZUKUNFT FÜR AFRO-EUROPÄISCHE BEZIEHUNGEN AUSSEHEN?

Die verschiedenen oben angestellten Überlegungen und Analysen drängen die Frage auf, ob multikulturelle und vor allem afro-europäische Beziehungen überhaupt eine Überlebenschance haben oder nicht. Es geht im Folgenden darum, ausgehend von Umfragen die Argumente zu analysieren, die für oder gegen afro-europäische Beziehungen (als

Symbol für die Beziehungen zwischen der afrikanischen und der deutschen Gesellschaft) angeführt wurden.

9.1. Die „Argumente" gegen afro-europäische Beziehungen

Menschen, die gegen afro-europäische Beziehungen, insbesondere gegen afro-europäische Eheschließungen sind, wurden entweder direkt oder über Mittelspersonen befragt, und ihre Argumente werden im folgenden aufgeführt und kommentiert:

9.1.1. Auf afrikanischer Seite

Einige Afrikaner, die sich gegen afro-europäische Heiraten aussprechen, denken:

- *Die Europäer haben keinen Sinn für Großfamilien.*

Die Realität ist, wie weiter oben dargelegt wurde, dass der Begriff der Großfamilie und die Familienstruktur grundlegende Elemente der Kultur in ganz Afrika südlich der Sahara sind. Anders zu leben würde bedeuten, dass man sich von der Grundlage der afrikanischen Wertvorstellungen distanziert. Über die Situation der Großfamilie hinaus macht sich eine große Sorge darüber breit, ob der Sinn für die **Gemeinschaft** in Afrika verloren geht. So kommt es zum Beispiel, dass eine Europäerin, die einen Afrikaner heiratet und sich offen zeigt für den Gemeinschaftsgedanken, mit offenen Armen empfangen wird. Der Gemeinschaftssinn ist ein enormer menschlicher Reichtum und es wäre schade, ihn zu opfern. Die afro-europäischen Paare, die nach Afrika ziehen, werden sich dieser Offenheit leicht bewusst. Problematisch ist es meistens für die Paare, die – aus welchem Grund auch immer – sich nicht vorstellen können, in Afrika zu leben. *Nadia*, eine Europäerin, erzählt von den Erfahrungen einer (europäischen) Freundin, die in ihrer Ehe mit einem Afrikaner in nicht enden wollenden Missverständnissen gelebt hat. Der afrikanische Mann bekam manchmal abends unangemeldeten Besuch von (afrikanischen) Freunden und seine europäische Freundin wollte nach der Arbeit *ihre Ruhe* haben und die 20-Uhr-Nachrichten in Ruhe sehen. Während der afrikanische

Mann die Anwesenheit der Freunde bei den Nachrichten eher als bereichernd empfindet, weil man so die Neuigkeiten gemeinsam analysieren und darüber diskutieren kann, möchte die europäische Freundin die Ereignisse lieber alleine oder höchstens im kleinen Familienkreis verarbeiten. Der Afrikaner empfindet es aufgrund seiner Erziehung nicht als Last, wenn Freunde oder gar eine ganze Gruppe von Menschen da ist; er kann sich im Beisein von anderen gut entspannen, auch nach einem langen Arbeitstag. Die Europäerin hingegen kann sich nur vorstellen, sich abends am liebsten im Kreise der Familie zu entspannen, da sie in einer kleinen Familie groß geworden ist.

- *Ein Afrikaner, der eine Europäerin heiratet, verleugnet seine Kultur.* In jeder Gesellschaft gibt es Konservative oder Traditionalisten, die sich nicht bereit zeigen, auch nur einen Fingerbreit von ihrer Tradition abzuweichen. Auch in Afrika ist diese Lebenseinstellung zu beobachten. Für afrikanische Konservative ist die Hochzeit mit einem Europäer / einer Europäerin gleichbedeutend damit, dass man seine Kultur verleugnet; dieselben Konservativen konsumieren oft viel lieber aus Europa importierte Güter als die gleichen Produkte aus afrikanischer Herstellung. Handelt es sich hier nicht um eine Unlogik, die nur nicht bei ihrem Namen genannt wird?

9.1.2. Auf europäischer Seite

Auf europäischer Seite fehlt es nicht an Gründen, sich gegen afro-europäische Beziehungen auszusprechen. Da heißt es:

- *Die Mischlingskinder, die aus afro-europäischen Beziehungen hervorgehen, haben „keine Herkunft".* Man betrachtet sie als heimatlos, weil ihre Eltern nicht dieselbe Herkunft haben; man könnte die Situation aber auch von der anderen Seite sehen und erkennen, dass die Kinder im Gegenteil eine doppelte Herkunft haben und ein Symbol für die Einheit der Völker sind. Ein halbes Glas Wasser kann als halbleeres oder als halbvolles Glas angesehen werden, je nachdem wie derjenige sich fühlt, der das Glas beschreibt.

- *„Jeder soll in seinem Land bleiben!"* Das wird als Lösung für die Afrikaner vorgeschlagen, die in Europa Opfer von rassistischen Übergriffen sind. Darin schwingt der Gedanke mit, dass die Afrikaner in Europa einfallen, obwohl es doch die Europäer waren, die aus wirtschaftlichen, politischen, geographisch-strategischen und religiösen Gründen zuerst die „Invasion" in Afrika begonnen haben. Europa hat damit begonnen und ist noch immer in unterschiedlichen Formen dort präsent. Die afrikanische Gastfreundschaft vereinfacht ihre Anwesenheit problemlos. Aber sobald es in die umgekehrte Richtung geht, bricht in Europa die Panik aus. Viele denken, dass die Afrikaner nur das Aufenthaltsrecht in Europa wollen. Aber man sieht geflissentlich darüber hinweg, dass die Europäer, die in Afrika freundlich aufgenommen wurden, schwören, dass sie nie mehr dauerhaft nach Hause zurückkehren wollen. Die Europäer, die noch nie in Afrika waren, können sich die Anzahl an Europäern, die dort leben, nicht vorstellen. Sie erhalten ihre Aufenthaltsgenehmigung ohne größeren Aufwand, also nimmt man es als Selbstverständlichkeit hin.

- *Die häufigen Scheidungen bei afro-europäischen Paaren.* Natürlich hat keine Scheidung positive Folgen, weder für die Gesellschaft noch für die Kinder, die aus der Beziehung hervorgegangen sind, abgesehen mal von einigen außergewöhnlichen Umständen. Wenn man die Scheidungsrate bei afro-europäischen Paaren betrachtet, stellt sich weiterhin eine Frage: Welches Wunder erwartet man in Europa von Paaren gemischter Nationalität, wenn dort die Zahl der geschiedenen Paare erschreckend hoch ist? Um nur einige Beispiele zu geben: jede dritte Ehe in Deutschland und in Kanada wird geschieden; in Frankreich wurden 38,6% und in den USA 44% der Ehen als geschieden registriert[1] usw. Man muss so realistisch sein zuzugeben, dass es afro-europäische Paare geben könnte, die heiraten, damit der afrikanische Partner – mit oder ohne das Einverständnis des europäischen Partners – die Aufenthaltsgenehmigung erhält. Diese Paare dürfen nicht berücksichtigt wer-

---

[1] Vgl. Anne-Marie Ambert, Divorce: Faits, chiffres et conséquences, Tendances, in: Tendances contemporaines de la famille, Institut Vanier de la famille, Ottawa 1998, siehe auch: www.Lafrance2002.org/Main/quelques_chiffres.htm auf dem Stand vom 08.08.2002.

den, da sie im Grunde nie wirklich vorhatten, längerfristig zu-
sammenzuleben; hier ist die Scheidung schon vor der Hochzeit
vorprogrammiert; die Gründe dafür sind jedoch an anderer Stelle zu suchen. Es geht hier vielmehr um die Paare, deren Zusammenleben durch Missverständnisse kultureller Natur
schwierig ist. In den Fällen, wo ein Afrikaner die Heirat anstrebt
– nur um die Aufenthaltsgenehmigung zu bekommen und ohne
sich darüber im Vorfeld mit dem europäischen Partner zu einigen – könnte letzterer diese Absicht schon vor der Heirat he-
rausfinden unter der Voraussetzung, dass beide vom Anfang
der Beziehung an offen miteinander geredet haben und dass
der Europäer dem afrikanischen Partner ohne ein Gefühl der
Überlegenheit begegnet und nicht immer das letzte Wort haben
will. Das ist einer der Gründe, der dem Partner das Gefühl gibt,
in einer Beziehung zu ersticken. Dies ist keine Rechtfertigung
sondern eine Feststellung.

Petra, eine Deutsche, hält eine Tatsache, von der selten gesprochen
wird, für einen der Gründe für die Scheidungen afro-europäischer Ehen:
Der europäische Partner / die europäische Partnerin macht sich häufig
nicht die Mühe, die Kultur seines / ihres Partners wirklich kennen zu
lernen oder, was noch seltener ist, seine / ihre *Muttersprache* zu lernen,
um auf diese Art und Weise die Denkweise des anderen besser zu verstehen. Gleichzeitig erwartet der europäische Partner jedoch häufig,
dass der Afrikaner die europäische Sprache akzentfrei spricht und sich
unter dem Motto der „Zivilisation" in die europäische Lebensweise ein-
fügt. Dabei ist jeder Afrikaner, der zur Schule gegangen ist, mindestens
zweisprachig; das scheinen viele nicht zu wissen. Dieses Argument
scheint nicht unbedeutend: Ein englisch-französisches Paar hätte sich
wegen eines Ausdrucks, den der französische Partner in einem Streit-
gespräch benutzt hatte, fast scheiden lassen; er wusste nicht, dass
dieser Ausdruck auf Englisch ein Schimpfwort ist.

9.1.3. Einige philosophische Konzepte des Menschen

Einige philosophische Konzepte des Menschen, die sich etablieren,
zielen nicht darauf ab, das menschliche Zusammenleben und dadurch
die interkulturelle Beziehung zu fördern. Das gilt unter anderem für das
Konzept von Jean-Paul Sartre, der sagt: „Die Hölle, das sind die andern" oder Thomas Hobbes: „Der Mensch ist des Menschen Wolf". Es

passiert in multikulturellen Beziehungen häufig, dass allzu leicht die Gründe für Missverständnisse in den kulturellen Unterschieden gesehen werden. Wenn diese auch eine Rolle spielen mögen, so sind sie doch nicht immer der Grund allen Übels. Es ist wichtig, sich zunächst zu fragen, welchen Platz man seinem Nächsten in seinem Leben einräumt: ist der Andere in meinem Leben willkommen oder stört er nur? Welchen Platz nimmt der Andere in meinem Leben ein? Wenn er mich nur stört, ist es nur allzu verständlich, dass meine Beziehung zu Menschen aus meiner eigenen Kultur nicht von langer Dauer sein kann. Und umso sicherer ist es dann, dass mir interkulturelle Beziehungen nicht möglich sein können.

9.2. Die Perspektiven für afro-europäische Ehen

> *„Die Liebe ist so schwer zu finden,*
> *So leicht zu verlieren,*
> *So schwer zu vergessen*
> *Aber so schön, wenn man sie erlebt".*

Gibt es noch begründete Hoffnung dafür, dass afro-europäische Paare eine Überlebenschance haben? Ja! Es gibt immer Grund zur Hoffnung, denn wir alle können daran mitarbeiten, dass unsere Welt menschlicher und brüderlicher wird. Ist das Bestehen einer Beziehung so viel Aufwand wert? Die Dinge, die man leicht bekommen kann, sind häufig wenig wertvoll. Die Stelle in *Le Cid* von Corneille ist bekannt: „Risikolos gewinnen heißt ruhmlos siegen."[1] Sicher ist, dass keine Beziehung wie ein fertig gebackener Kuchen auf einem Silbertablett serviert wird, und zwar unabhängig davon, welcher Herkunft der Partner / die Partnerin ist. Jede zwischenmenschliche Beziehung muss aufgebaut werden. Je mehr man sich dafür einsetzt, umso mehr hat man davon. Eine gute Portion Geduld bringt bleibende Früchte hervor.

Veronika, eine Europäerin, die mit einem Afrikaner zusammenlebt, hat zunächst die möglichen Schwierigkeiten angeführt, mit denen sich ein binationales Paar konfrontiert sehen kann, und dann zugegeben, dass ein solches Paar den *Vorteil* hat, dass es sich niemals langweilt; denn die Partner entdecken sich gegenseitig unter immer neuen kulturellen Aspekten. Das ist bei einem Paar, dessen Partner aus der gleichen Kultur stammen, nicht immer der Fall. Wenn man bedenkt, dass die

---

[1] Corneille, Pierre: Le Cid, 2. Akt, 2. Szene.

Langeweile eine große Gefahr für dauernde zwischenmenschliche Beziehungen darstellt, muss diese Eigenschaft der binationalen Beziehungen erkannt und entwickelt werden.

Heutzutage, da die Welt wie ein großes Dorf zu werden scheint, kann man sich vor dem Zusammentreffen mit anderen Kulturen nicht mehr verschließen, nur weil möglicherweise kulturelle Schwierigkeiten auftreten könnten. Wenn man es vermeidet, einen Menschen aus einer anderen Kultur zu heiraten, so wird man in der Arbeitswelt oder in anderen Bereichen des Lebens doch auf solche Menschen treffen. Darauf zu verzichten scheint nicht der beste Weg zu sein, um ein glückliches Leben zu führen; im Gegenteil, sollten wir nicht an die Liebe glauben, die uns Gibran an einer anderen Stelle empfiehlt?

> "Wenn die Liebe dir winkt, folge ihr,
> Sind ihre Wege auch schwer und steil.
> Und wenn ihre Flügel dich umhüllen,
> gib dich ihr hin,
> Auch wenn das unterm Gefieder versteckte
> Schwert dich verwunden kann."

Jeder muss jedoch seine Möglichkeiten und seine Eigenschaften kennen, um zu wissen, wie viel Risiko er im Leben eingehen kann. In jeder Beziehung und bei jedem Paar – sei es mit Partnern gleicher oder unterschiedlicher kultureller Herkunft – kommt es darauf an, das zu pflegen und zu bewahren, was den anderen attraktiv und anziehend macht, um das auszugleichen, was einem fehlt, während man sich gleichzeitig darum bemühen muss, diese Lücken zu füllen. Alles in allem kann kein Mensch ein Versprechen für die Zukunft geben, ohne damit ein Risiko einzugehen.

Zusammenfassung

Es wird zunächst deutlich, dass die kulturelle Identität im Leben eines Menschen keine untergeordnete Rolle spielt; zudem ist es ein unausweichlicher Prozess, das Zusammenleben mit Menschen aus einer anderen Gesellschaft zu gestalten. Diese Tatsache ist von elementarer Bedeutung in dieser Welt, die ein großes Dorf zu werden scheint. Über die möglichen Spannungen hinaus ist die Lebensfreude, die sich daraus ergibt, wenn man anderen Kulturen begegnen kann, beruhigend und hoffnungsversprechend: Man geht bereichert und befriedigt aus diesen Begegnungen heraus. Und je mehr man eine andere Kultur entdeckt, umso mehr Lust bekommt man darauf, noch weitere kennen zu lernen. Jede erreichte Etappe bringt einen neuen Prozess in Gang. Und das hält das Leben in Bewegung und hält den Geist jung.

In einer Welt, die wie ein großes Dorf angesehen werden kann, dürfte es keine „übergeordnete Kultur" geben, die die anderen Kulturen auslöschen will; es muss vielmehr eine Welt sein, in der die Lebensweise prinzipiell darauf ausgerichtet ist, dass die Kulturen einander gegenseitig ergänzen und sich untereinander austauschen; eine Welt, in der man sich entwickelt, in dem man von seiner Kultur gibt und von den anderen bekommt.

Außerdem kann man die kulturelle Identität mit einem beliebigen Gegenstand vergleichen, zum Beispiel mit einem Messer. Man kann mit einem Messer viele gute Dinge machen, wie einen Apfel schälen, um ihn zu essen oder ihn anderen zum Essen zu geben; aber das Messer kann auch „instrumentalisiert" werden, um den anderen zu schaden. Müssen wir daraus schließen, dass das Messer an sich ein schlechter Gegenstand ist, und es zerstören? Hängt das Ganze nicht davon ab, ob wir es in positiver oder zerstörerischer Weise für die Gesellschaft gebrauchen? Genauso ist es, wenn wir unsere kulturelle Identität nutzen, um unsere Gesellschaft aufzubauen: Dann eröffnen sich uns neue Perspektiven.

Vierter Teil: **Zukunftsperspektiven**

Der Sinn unseres Lebens
Die Aufgabe unseres Lebens
Die Freude unseres Lebens
Besteht darin, dass wir einander lieben.
(Italienisches Sprichwort)

Die Perspektiven, die in diesem Teil aufgezeigt werden, beziehen sich nicht ausschließlich auf afro-europäische sondern auf zwischenmenschliche Beziehungen im allgemeinen. Es ist so, dass einige Menschen afro-europäische Paare betrachten, als seien sie „Außerirdische" und ihre Beziehungen, als seien sie fast unnormal. Aber abgesehen von den kulturellen Problemen, die in den vorangegangenen Kapiteln dargestellt und analysiert wurden und für die plausible Lösungsvorschläge gemacht wurden, sind und bleiben afro-europäische Beziehungen so menschlich und normal wie alle anderen zwischenmenschlichen Beziehungen auch.

10. DIE GRUNDLEGENDE GLEICHHEIT ALLER MENSCHEN

Um uns von unseren bewussten oder unbewussten Minderwertigkeits- und Überlegenheitskomplexen in interkulturellen oder zwischenmenschlichen Beziehungen zu befreien, wäre es ratsam, dass wir uns bemühen, den anderen, unseren Nächsten – unabhängig von seinem Geschlecht, seinem Alter, seiner Größe, seinem Gewicht, seiner Hautfarbe, seiner Kultur, seiner gesellschaftlichen Position – anhand von Eigenschaften zu erkennen, die jeden Menschen ausmachen und allen Menschen gleich sind: die Geburt, die Ernährung, die Atmung, das Sterben, der Verstand.

- *Jeder Mensch wird geboren:* Wir kommen auf die Welt, ohne uns das Datum oder den Ort aussuchen zu können. Man kann auch sagen, dass unsere Geburt für uns eine vollendete Tatsache ist. Uns bleibt nichts anderes, als sie hinzunehmen. In diesem Punkt kann niemand vorgeben, sich einem anderen gegenüber überlegen zu fühlen. Was auch immer aus uns geworden ist, wie auch unsere Hautfarbe ist, wie reich wir auch sein mögen, wie wichtig oder selbstständig, eine wichtige und entscheidende Wahl haben andere für uns gemacht, nämlich unsere Eltern, und zwar ohne unser Zutun. Darin muss der Ärmste den Reichsten um nichts beneiden, genauso wenig wie der Schwächste den Stärksten.

- *Jeder Mensch ernährt sich:* Die Ernährung ist für unser Wachstum und für unser Überleben unerlässlich, und das schon vom Mutterleibe an. Wie auch immer unsere gesellschaftliche Position sein mag, auf Ernährung können wir nicht verzichten. Die Menschen verwenden viel Kraft und Zeit darauf, ihre Ernährung sicher zu stellen. Über die traditionelle, biologische Funktion hinaus spielt die Ernährung in der heutigen Gesellschaft mehr und mehr eine soziale Rolle, da sie Begegnungen und Austausch mit Freunden ermöglicht. Man versammelt sich nicht nur an einem Tisch, um den natürlichen biologischen Anforderungen zu entsprechen, sondern auch um der Freude willen, andere Menschen zu treffen und sich mit Freunden oder anderen auszutauschen. Man kommt einer Einladung zum Essen nicht deshalb nach, weil man selber nicht genug zu essen zu Hause hat, sondern weil man das Bedürfnis verspürt, die gesellige Komponente zu erleben. Allein die Anreise ist schließlich manchmal viel teurer als das Essen, das man dann bei dem Gastgeber bekommt.

- *Jeder Mensch atmet:* Die Sauerstoffmoleküle an sich sind leblose Elemente, tragen aber dazu bei, dass das Leben bestehen kann. Man kann aus diesem oder jenem Grund mehrere Tage auf Essen verzichten und es überleben. Man kann jedoch nicht mehrere Tage nicht atmen, ohne zu sterben. Es ist bekannt, dass Sauerstoff durch die Photosynthese in der Flora entsteht. Ohne die Pflanzen gäbe es keinen Sauerstoff; und ohne Sauerstoff gäbe es kein Leben auf der Erde. In diesem Sinne bleibt der Mensch, egal, welche gesellschaftliche Stellung und Bedeutung er hat, davon abhängig, wie die Pflanzenwelt funktioniert. Viele Phänomene zeugen davon: die Erderwärmung, die durch übermäßigen Ausstoß von Treibhausgasen und maßlose Abholzung des Baumbestandes hervorgerufen wird, genauso wie das Problem der Umweltverschmutzung, das durch übermäßige Müllproduktion in Industrie und Privathaushalten hervorgerufen wird.

- *Jeder Mensch muss früher oder später sterben:* Man isst häufig in seinem Leben, aber man stirbt nur einmal. Die Technologie und der Reichtum können es uns ermöglichen, unsere Lebensdauer zu verlängern, aber sie könnten uns niemals das ewige Leben auf Erden schenken. Wie mächtig wir auch sein mögen, am Ende unseres irdischen Lebens erwartet uns doch der Tod. Und diesem Moment entkommt niemand! Egal, ob wir ein armes oder überschwängliches Leben hatten, ob wir Angst vor dem Sterben haben oder uns darauf vorbereiten, ob wir beerdigt oder verbrannt werden, ob wir ein feierliches Begräbnis haben

oder ein einfaches: Im Tod sind wir alle gleich. Selbst diejenigen, die an ein Leben nach dem Tod glauben, sagen, dass der
Tod eine Hürde ist, die jeder Mensch nehmen muss.

• *Der Geist eines jeden Menschen ist mit bestimmten Funktionen
ausgestattet:* Der Mensch ist nicht nur ein biologisches Erzeug-
nis; er hat auch einen Geist. Wenn zum Beispiel jemand in Europa lebt, sich aber innerhalb von Sekundenbruchteilen vorstellen kann, an einer Demonstration irgendwo in Afrika teilzuneh-
men, ohne dass dieser Gedanke ihn die Zeit kosten würde, die
man für eine Reise von Europa nach Afrika benötigt, so ist das
eine Handlung seines Geistes. Der menschliche Geist ist somit
mit verschiedenen Funktionen ausgestattet, zu denen der Wille
gehört (die menschliche Fähigkeit, etwas zu wollen und zu entscheiden), die Intelligenz (die menschliche Fähigkeit, denken zu
können), das Bewusstsein (die menschliche Fähigkeit, gesche-
hene Taten nochmals zu bedenken) und die Funktion, die allen
voran dem menschlichen Geist eigen ist: die Fähigkeit zu lieben[1] Jeder Mensch mag das Schöne, das Gute und das Wahre... Der Mensch wird dann wirklich Mensch, wenn er liebt und
wenn er geliebt wird (wie weiter oben erwähnt). Ein italienisches
Sprichwort besagt:

„Der Sinn unseres Lebens,
Die Aufgabe unseres Lebens,
Die Freude unseres Lebens
Besteht darin, dass wir lieben."

Genauso wie das Wasser der Lebensmittelpunkt eines Fisches ist, ist
die Liebe der Lebensmittelpunkt des Menschen. Sogar derjenige, der
den Verstand verliert[2], mag das Gefühl, geliebt zu werden. Ein Verrück-

---

[1] Vgl. Julien Kita. Une conception de la dignité humaine à partir de la vision
anthropologique de Gérard Blais, mémoire de maîtrise en Philosophie, Université de Lomé, 1995, S. 40-45.
[2] Die philosophische Strömung der Thomisten geht davon aus, dass der
Verstand die entscheidende Funktion des menschlichen Geistes ist. (Vgl. Joseph Rassam. Saint Thomas, L'être et l'esprit, P.U.F. Paris, 1971, S.16-17)
Man kann jedoch den Verstand verlieren und dennoch die Fähigkeit zu lieben
bewahren, wenn man z.B. froh ist, dass man geliebt wird. Außerdem ist es so,
dass die Liebe vereint, wo der Verstand uns entweit. Das zeigt, dass die Fä-
hichkeit zu lieben dem Verstand übergeordnet ist.

ter mag es, geliebt zu werden. Der Heilige Augustinus erkannte diese dem Menschen innewohnende Eigenschaft und sagte:

> „Wenn ihr nichts liebt,
> seid ihr leblos und tot,
> widerwärtig und belanglos.
> Liebt, aber achtet darauf, was ihr liebt."[1]

Wer kann – aufgrund seines Geschlechts, seiner Größe, seines Gewichts, seiner Hautfarbe, seiner Kultur, seiner Religion, seines gesellschaftlichen Ranges oder gar seines Reichtums – auf diese allen Menschen gemeinsame Lebensbedingungen verzichten? Folglich gründen sich unser Überlegenheitsgefühl und unsere Minderwertigkeitskomplexe fast immer auf diese Lebensbedingungen. Wenn wir eine harmonischere Welt erschaffen wollen, müssen wir unsere Denkweisen und folglich auch unser Verhalten ändern. Unser Wünschen muss sich von Gedachten auf das Erlebte verlagern. Und im Sinne dieser Veränderung werden im folgenden einige Texte zum Nachdenken angeführt.

---

[1] Enarrationes in Psalmos. Tome 12. S. 8.

11. TEXTE ZUM NACHDENKEN UND ZUR MEDITATION

11.1. Für jeden Menschen, jeden Mitmenschen: ein Lächeln

> *Lachen ist die kürzeste Entfernung zwischen zwei Menschen. (Victor Borge)*

Wenn wir im Leben wertvolle Dinge aufbauen und erhalten, kostet uns das viel Einsatz und Mühe. Die Natur hat uns eine besondere Eigenschaft geschenkt, mit der wir unsere zwischenmenschlichen Kontakte aufbauen und nähren können: Es handelt sich um eine Gabe, die uns nichts kostet, deren Wirkung jedoch unermesslich ist: das Lächeln.

Ein Lächeln kostet nichts aber schafft viel
Es bereichert den Angelächelten,
ohne dass der Lächelnde ärmer würde
Es dauert nur einen Augenblick,
aber die Erinnerung daran stirbt manchmal nie

Niemand ist reich genug, darauf zu verzichten
Es kann weder geraubt noch verkauft werden
Denn es hat nur dann einen Wert, wenn es geschenkt wird

Ein Lächeln ist Mut für den Niedergeschlagenen
Ruhe für den Erschöpften
Es ist ein echtes Gegenmittel für alle Schmerzen

Und wenn euch das Lächeln verweigert wird,
das ihr verdient,
Seid großzügig, gebt das eure
Denn keiner braucht ein Lächeln so sehr wie der,
der es nicht geben kann.

Ja! Die Wirkung eines Lächelns stirbt nie. Sogar Jahre später kann man seine Wirkung noch spüren. Ein anonymer Autor teilt uns seine Erfahrungen mit:

Zehn Jahre ist es nun her,
Dass eine Unbekannte mich angelächelt hat.
Ich konnte es nicht verstehen,
Es erschien mir einfach nur schön.

Ich weiß nichts mehr von ihr
Alles, was mir bleibt, ist ihr Lächeln.
Anstatt dass ich es mit der Zeit vergesse,
Erscheint es mir immer wunderbarer

Ich schrieb manches Liebesgedicht darüber,
Ich malte mir Tausende von Abenteuern aus.
Einige lesen sie mit Kummer,
Andere lesen sie mit Vergnügen.

Kummer oder Vergnügen
Entspringen aus diesem einen Lächeln.
Die mich angelächelt hat, habe ich nie wieder gesehen.
Aber ich segne sie dafür, dass sie es so gut getan hat.

11.2. Für eine dauerhafte Freundschaft: Eine Kleinigkeit, die keine ist.

Es kommt vor, dass wir durch Unachtsamkeit oder durch mangelnde Teilnahme die Gefühle unserer Freunde verletzen; denn häufig urteilen wir vor unserem Hintergrund und nicht vor dem Hintergrund dessen, was der andere empfindet. Das folgende Gedicht eines anonymen Dichters kommt uns zu Hilfe.

Eine Kleinigkeit, die keine ist

In einer Freundschaft ist gar nichts leichtfertig.
Eine Kleinigkeit dient oder schadet dem Glück
Eine Kleinigkeit betrübt, eine Kleinigkeit tröstet.

Es gibt für das Herz keine Kleinigkeit.
Eine Kleinigkeit kann die Schmerzen verbittern,
Eine Kleinigkeit halbiert den Kummer.
Gleichgültigkeit hält alles für Kleinigkeiten,
Freundschaft hält eine Kleinigkeit für alles.

Glückliche Liebe erleben wir nicht,
wenn wir uns „Ich liebe dich" sagen.
Sie wird von der Stille getragen,
die unser Leben tagtäglich durchbricht.

11.3. Ermutigung für schwere Zeiten: Sei ein Mensch

Es kommt vor, dass wir in unserem Leben schwere Zeiten durchmachen, in denen manchmal gar nichts zu funktionieren scheint; und in unseren Beziehungen werden wir manchmal von den Menschen, die wir lieben, schwer enttäuscht. Keine Panik! Kipling will uns darüber etwas sagen:

Mein Sohn,

Bewahrst du kühlen Kopf wo alle ander'n
den Kopf verlieren und dich darob schmäh'n?
Behältst du Selbstvertrau'n wo alle zweifeln
und kannst du ihre Zweifel doch versteh'n?
Und kannst du warten, ohne zu ermüden

kannst Haß ertragen, ohne daß du haßt?
kannst Lügen hören, ohne selbst zu lügen
nicht schön und weise tun, was du auch sagst?
Kannst du noch träumen und bist doch kein Träumer,
kannst denken und doch handeln auf ein Ziel?
Kannst du Triumfe oder Niederlagen
als Blendwerk nehmen, das sie sind, gleichviel?

Hörst du die Worte, die du wahr gesprochen,
als Lügen, die sie dir im Mund umdreh'n?
Lässt liebe Dinge, die man dir zerbrochen
mit altem Werkzeug wieder neu ersteh'n?
Und kannst du alles, was du einst gewonnen
auf einen Wurf riskieren, den du wagen mußt?
Von vorn' beginnen, wenn es denn zerronnen
kein Wort verlierend über den Verlust?

Kannst du dein Herz und deine Hände zwingen
dir noch zu dienen, wenn es um dich still?
Und durchzuhalten, will nichts in dir klingen
als nur die Stimme noch, die sagt: "Ich will!"
Kannst du zur Menge sprechen ohne aufzuhetzen
zum König gehen, bleibst du dennoch fair?
Kann weder Freund noch Feind dich je verletzen
Könn' alle auf dich zählen, aber nicht zu sehr?
Füllst du die unerbittlich laufende Minute
mit sechzig Schlägen Sinn, eh sie verrinnen kann?

Dann ist die Welt und in ihr alles Gute
für dich, mein Sohn, und dann bist du ein Mann![1]

11.4. Missverständnisse materiellen Ursprungs: das Geld

In dieser materialistisch orientierten Welt „zerbricht" mehr als eine Beziehung an materiellen oder genauer gesagt an Geldproblemen. Eine chinesische Regel, die von einem Unbekannten aufgeschrieben wurde, lenkt unsere Aufmerksamkeit auf das Geld, genauso aber auch auf alles, was Geld nicht leisten kann.

DAS GELD

Man kann damit ein Haus kaufen
Aber kein Heim

Man kann damit ein Bett kaufen
Aber nicht den Schlaf

Man kann damit eine Uhr kaufen
Aber nicht die Zeit

Man kann damit ein Buch kaufen
Aber nicht das Wissen

Man kann damit eine Position erkaufen
Aber nicht den Respekt

Man kann damit für einen Arzt zahlen
Aber nicht für die Gesundheit

Man kann damit Blut bezahlen
Aber nicht sein Leben

Man kann damit Sex kaufen
Aber keine Liebe

11.5. Für eine Beziehung: die Liebe

Manchmal wühlt die Liebe uns auf: Wir genießen das, was sie so aufregend macht, werden aber auch durch unvorhergesehene Geschehnisse wachgerüttelt. Dann wissen wir weder aus noch ein; denn wir bekom-

---

[1] Kipling. Rudyard: Kannst du. Aus dem Englischen von Dikigoros: http://members.fortunecity.com/dikigoros/kiplingif.htm

*men die Liebe geschenkt und doch entgleitet sie uns. Gibran listet die
zahlreichen Phasen der Liebe auf:*

Wenn die Liebe dir winkt, folge ihr,
Sind ihre Wege auch schwer und steil.
Und wenn ihre Flügel dich umhüllen,
gib dich ihr hin,

Auch wenn das unterm Gefieder versteckte
Schwert dich verwunden kann.
Und wenn sie zu dir spricht, glaube an sie,
Auch wenn ihre Stimme deine Träume
zerschmettern kann wie der Nordwind den
Garten verwüstet.

Denn so, wie die Liebe dich krönt, kreuzigt sie dich.
So wie sie dich wachsen läßt, beschneidet sie dich.
So wie sie emporsteigt zu deinen Höhen und die
zartesten Zweige liebkost, die in der Sonne zittern,
Steigt sie hinab zu deinen Wurzeln und erschüttert
sie in ihrer Erdgebundenheit (...).

All dies wird die Liebe mit dir machen, damit du die
Geheimnisse deines Herzens kennenlernst (...)
Liebe gibt nichts als sich selbst und nimmt nichts als
von sich selbst.

Liebe besitzt nicht, noch lässt sie sich besitzen;
Denn die Liebe genügt der Liebe (...).
Und glaube nicht, du kannst den Lauf der
Liebe lenken, denn die Liebe, wenn sie dich für
würdig hält, lenkt *deinen* Lauf.
Liebe hat keinen anderen Wunsch, als sich zu
erfüllen.

Aber wenn du liebst und Wünsche haben mußt,
sollst du dir dies wünschen:
Zu schmelzen und wie ein plätschernder Bach zu
sein, der seine Melodie der Nacht singt.

Den Schmerz allzu vieler Zärtlichkeit zu kennen.
Vom eigenen Verstehen der Liebe verwundet zu sein;
Und willig und freudig zu bluten.

Bei der Morgenröte mit beflügeltem Herzen
zu erwachen und für einen weiteren Tag des Liebens
dankzusagen (...)[1].

11.6. Die wahre Liebe erfahren

Manchmal versuchen wir, unsere Erlebnisse in der Liebe zu verstehen, zu erklären oder gar zu rechtfertigen; es kommt vor, dass wir – durch die Liebe – feststellen, dass wir anders sind als wir es dachten, anders als wir es vorhatten, anders als wir es geplant hatten. Erich Fried erinnert uns daran, dass die Liebe unbeschreiblich ist.

Es ist was es ist

Es ist Unsinn, sagt die Vernunft
Es ist was es ist, sagt die Liebe.

Es ist Unglück, sagt die Berechnung
Es ist nichts als Schmerz, sagt die Angst
Es ist sinnlos, sagt die Einsicht
Es ist was es ist, sagt die Liebe

Es ist lächerlich, sagt der Stolz
Es ist leichtsinnig, sagt die Vorsicht
Es ist unmöglich, sagt die Erfahrung
Es ist was es ist, sagt die Liebe.[2]

12. FÜR DIE ÜBERWINDUNG ZWISCHENMENSCHLLICHER KONFLIKTE

Die Weisheit ruht nicht in der Vernunft sondern in der Liebe. (Gide)

Unseren guten Prinzipien und Vorsätzen zum Trotz macht jede zwischenmenschliche Beziehung immer wieder Konfliktsituationen durch. Bewahren wir einen kühlen Kopf, wenn uns das widerfährt; seien wir nun in den Konflikt verwickelt oder nur neutraler Vermittler, der eine oder andere Rat von Mahatma Gandhi, wieder aufgegriffen von Johan Galtung, kann uns dabei helfen, an einer friedlicheren Gesellschaft mitzuarbeiten. Es kann uns helfen, egal welchen Alters, welchen Ge-

---

[1] Gibran Khalil, Aus dem Englischen von Karin Graf, Düsseldorf 1998, s.24-27
[2] Erich Fried, Gesammelte Werke, Gedichte 3, Berlin 1993, S. 35.

schlechts, welcher Hautfarbe oder Herkunft die Personen sind, die mit dem Konflikt zu tun haben:

„*1. Ziele und Konflikt*

1.1. Handle in Konflikten!
1.1.1. Handle sofort!
1.1.2. Handle hier!
1.1.3. Handle für Deine eigene Gruppe!
1.1.4. Handle in Übereinstimmung mit den Betroffenen!
1.1.5. Handle aus Überzeugung!

1.2. Bestimme den Konflikt genau!
1.2.1. Lege deine Ziele klar dar!
1.2.2. Versuche, die Ziele deines Gegners zu verstehen!
1.2.3. Betone gemeinsame und vereinbare Ziele!
1.2.4. Lege die konfliktentscheidenden Tatsachen objektiv dar!

1.3. Gehe positiv an einen Konflikt heran!
1.3.1. Gib dem Konflikt eine positive Betonung!
1.3.2. Betrachte den Konflikt als eine Gelegenheit, dem Gegner zu begegnen!
1.3.3. Betrachte den Konflikt als eine Gelegenheit, die Gesellschaft umzuformen!
1.3.4. Betrachte den Konflikt als eine Gelegenheit, dich selbst zu verändern!

2. Konfliktaustragung

2.1. Verhalte dich in Konflikten gewaltlos!
2.1.1. Enthalte dich verletzender oder schädigender Handlungen!
2.1.2. Enthalte dich verletzender oder schädigender Worte!
2.1.3. Enthalte dich verletzender oder schädigender Gedanken!
2.1.4. Füge dem Eigentum des Gegners keinen Schaden zu!
2.1.5. Lieber Gewalt als Feigheit![1]
2.1.6. Tu Gutes selbst dem, der Böses tut!
2.2. Handle auf zielgemäße / zweckmäßige Weise!
2.2.1. Handle offen, nicht verdeckt!
2.2.2. Lenke den Kampf genau auf das Ziel!
2.3. Verweigere dem Bösen die Zusammenarbeit!

---

[1] Wer Mahatma Gandhi und Johan Galtung kennt, weiß, dass es sich hier auf keinen Fall um einen Aufruf zur Gewalt handeln kann. Aber der Autor macht deutlich, dass Feigheit noch schlimmer ist als Gewalt. Siehe auch Punkt 2.1.

2.3.1. Keine Zusammenarbeit mit Strukturen, die Übel stiften!
2.3.2. Keine Zusammenarbeit mit einem Status, der von Übel ist!
2.3.3. Keine Zusammenarbeit bei Aktionen, die Übel stiften!
2.3.4. Keine Zusammenarbeit mit Personen, die nicht gegen das Böse angehen!
2.4. Sei bereit, Opfer zu bringen!
2.4.1. Entziehe Dich nicht Bestrafungen!
2.4.2. Sei notfalls bereit, dein Leben hinzugeben!

2.5. Vermeide es, künstliche Fronten aufzubauen!
2.5.1. Unterscheide zwischen der Gegnerschaft und dem Gegner!
2.5.2. Unterscheide zwischen Person und Status!
2.5.3. Halte den Kontakt aufrecht!
2.5.4. Versuche, dich in die Lage deines Gegners einzufühlen!
2.5.5. Sei beweglich bei der Abgrenzung von Parteien und Positionen!

2.6. Vermeide unnütze Ausschreitung!
2.6.1. Bleibe der bestehenden Gesinnung gegenüber so loyal wie möglich!
2.6.2. Provoziere nicht und lass dich nicht provozieren!
2.6.3. Demütige niemanden und lass dich von niemandem demütigen!
2.6.4. Dehne die Konfliktziele nicht aus!
2.6.5. Wähle die mildesten Formen des Konfliktsverhaltens!

3. Konfliktlösung

3.1. Bringe Konflikte zu einer Lösung!
3.1.1. Ziehe die Konfliktaustragung nicht in die Länge!
3.1.2. Strebe immer Verhandlungen mit dem Gegner an!
3.1.3. Strebe nach positiven gesellschaftlichen Veränderungen!
3.1.4. Strebe nach menschlichen Veränderungen
- an dir selbst!
- am Gegner!

3.2. Beharre auf wesentlichen, nicht auf unwesentlichen Dingen!
3.2.1. Lass über wesentliche Fragen nicht mit Dir handle!
3.2.2. Sei kompromissbereit in unwesentlichen Fragen!

3.3. Betrachte dich als einen fehlbaren Menschen!
3.3.1. Denke daran, dass du irren kannst!
3.3.2. Gib deine Fehler offen zu!
3.3.3. Es ist nicht wichtig, immer an derselben Meinung festzuhalten!

3.4. Zeige eine großzügige Einstellung zum Gegner!

3.4.1. Nütze die Schwächen des Gegners nicht aus!
3.4.2. Beurteile den Gegner nicht strenger, als dich selbst!
3.4.3. Bringe deinem Gegner Vertrauen entgegen!
3.5. Bekehrung, nicht Zwang!
3.5.1. Strebe immer nach Lösungen, die annehmbar sind
- für dich selbst!
- für deinen Gegner!
3.5.2. Setze deinen Gegner nie Zwang aus!
3.5.3. Bekehre deinen Gegner zum Glauben an die Sache, die du ver-
trittst!"[1]

Nun sind wir dafür ausgerüstet, unsere zwischenmenschlichen Beziehungen vor der zerstörenden Kraft der Zeit zu bewahren, unabhängig
von der Herkunft unseres Partners! Diese Grundsätze funktionieren
natürlich nicht wie ein Wundermittel. Sie sind jedoch ausgesprochen
wirksam, solange wir guten Willen an den Tag legen. Ohne guten Willen
ist keine ernsthafte zwischenmenschliche Be4ziehung möglich.

---

[1] Johan Galtung, Der Weg ist das Ziel. Gandhi und die alternative Bewegung.
Wuppertal 1987, S. 125-128.

Schluss

In Beziehungen zwischen Afrikanern und Europäern gibt es viele positive Elemente, die Konflikte überwinden und das Zusammenleben fördern: Man kann Kunstwerke anführen, den Sport, die Musik, das Tanzen, Mahlzeiten bei interkulturellen Zusammentreffen. Das ist ein guter Anfang, den unsere Welt hervorgebracht hat. An diesem Punkt in der Entwicklung erinnern uns die Alten Afrikas an zwei weitere Sprichwörter. Einerseits ermutigen sie uns, wenn sie zugeben, dass „der Anfang die Hälfte des Ganzen" ist; gleichzeitig warnen sie uns vor der Gefahr, dass wir den Weg mit dem Ziel verwechseln: „Wenn man zehn Schritte machen muss, um ans Ziel zu gelangen, bedeutet nur neun Schritte zu machen, das Ziel zu verfehlen."

Angesichts der nicht rückgängig zu machenden interkulturellen Veränderungen in unserer Gesellschaft können weder kategorische Ablehnung noch leichtfertige Zustimmung und Enthusiasmus dazu beitragen, dass es eine grundlegende und dauerhafte Entwicklung gibt; aber es zeigt sich, dass wohldurchdachte Entscheidungen von verantwortungsvollen Menschen, die die Energie der Heranwachsenden fördern, unersetzlich sind, wenn die Menschheit gerettet werden soll. Mehr als je zuvor brauchen wir in unserer Welt glaubwürdige Menschen, auf die sich die heutige Gesellschaft verlassen und derer die Gesellschaft von morgen gedenken kann: glaubwürdige Menschen, die auch das sehen, was hinter dem äußeren Anschein steckt; glaubwürdige Menschen, die es wagen, das zu versöhnen, was als „unversöhnlich" angesehen wird: die Afrikaner und die Europäer; glaubwürdige Menschen, die sich bemühen, den anderen und das, was an ihm wertvoll ist, wertzuschätzen; glaubwürdige Menschen, die in unserer jeweiligen Gesellschaft Lebensfreude vermitteln, Freude daran zu lieben und daran, über die Missverständnisse, Enttäuschungen und Misserfolge hinaus Hoffnung zu bewahren; glaubwürdige Menschen, die sich auch dafür einsetzen, dass wir uns für zukünftige Generationen engagieren. Ja! „Das Universum von morgen, so sieht es aus, wird voll des afrikanischen Optimismus sein"[1], sagt Diop.

Wenn diese Arbeit dabei hilft, auch nur eine afro-europäische Beziehung zu verbessern, hat sie ihr Ziel erreicht. Darüber hinaus kann sie jedoch auch Menschen, die sich für afro-europäische Beziehungen inte-

---

[1] Cheikh Anta Diop, Opus cit.. S. 187.

ressieren oder von ihnen betroffen sind, Ansätze von Antworten liefern. Diese Antwortansätze ermöglichen es den afrikanischen und den europäischen Partnern, die Kulturen nicht zu hierarchisieren, sondern sie vielmehr in einer sich ergänzenden Beziehung zueinander oder als Basis für kulturellen Austausch zu sehen: Die Afrikaner brauchen die europäische Technologie; die Europäer brauchen die menschlichen Werte Afrikas.

Die in diesem Buch vorgebrachten Lösungsvorschläge beziehen sich nicht ausschließlich auf die Beziehung zwischen Afrikanern und Europäern. Sie wenden sich auch und vor allem an die modernen Afrikaner, die zwischen der Tradition mit all ihren Vorteilen und Grenzen einerseits und den Einflüssen des modernen Europas, denen sie an allen Ecken ihres Lebens ausgesetzt sind, andererseits hin- und hergerissen sind. Es gibt in unserer heutigen Welt in der Tat niemanden, der so hin- und hergerissen ist wie die Afrikaner es sind: Sie erleben es sowohl im sozialen als auch im wirtschaftlichen, politischen und religiösen Zusammenhang. Wenn es ihnen möglich sein soll, eine sinnvolle Synthese all dieser Schwierigkeiten zu machen, kann das nur geschehen, indem sie sich wirklich ganz neu entdecken.

Literaturverzeichnis

Agbetiafa, Komla, Les ancêtres et nous, Lomé, Les Nouvelles Editions Africaines, 1985

Ambert, Anne-Marie, Divorce: Faits, chiffres et conséquences, in: Tendances contemporaines de la famille, Institut Vanier de la famille, Ottawa 1998

Atumba, Honoré N'gbanda Nzambo Ko, Ainsi sonna le glas, Giseppe, Paris 1998

Augustinus, St., Enarrationes in psalmum, Tome 12.

Bellet, Maurice, L'écoute, 4e ed., Paris, Desclée de Brouwer, 2000

Chemins de Dialogue, N°6, Octobre 1995, Marseille.

Corneille, Pierre, Le Cid, Flamarion, 2002.

Dagbedji, Ayena, La femme mariée togolaise à la recherche de son régime matrimonial, Mémoire de Maîtrise en Sciences Juridiques, Université de Lomé, 1998

Detlef Franke, in: Redfort, Danald, The oxford Encyclopedia of Ancient Egypt, II, 2001

Die gute Nachricht-Bibel, Revidierte Fassung 1997 der „Bibel in heutigem Deutsch", Durchgesehener Nachdruck, Stuttgart 1999

Diop, Cheikh Anta, L'unité culturelle de l'Afrique noire, Présence Africaine, Paris 1982

Fauvelle-Aymar, François-Xavier, Afrocentrismes, Karthala, 2000

Fried, Erich, Gesammelte Werke, Gedichte 3, Berlin 1993

Galtung, Johan, Der Weg ist das Ziel. Gandhi und die alternative Bewegung, Wuppertal, Hammer, 1987

Gibran, Khalil, Gibran Khalil, Aus dem Englischen von Karin Graf, Düsseldorf 1998

Harris, Marvin, Cannibales et Monarques. Essai sur l'origine des cultures, Flamarion, 1979.

Hellinger, Bert, Ordnung der Liebe, Heidelberg, Carl-Auer, 4e Edition, 1997

Hofstede, Geert, Lokales Denken, globales Handeln, 2. Aufl., München 2001

Kéré, Ulrike, Westafrika, Informationen für binationale Paare, Brandes, Frankfurt 2001

Kipling, Rudyard, mis en vers français par Maurois in :www.angelfire.com/ca/jpheraud/si.html consulté le 26-07-02

Kita, Julien, Une conception de la dignité humaine à partir de la vision anthropologique de Gérard Blais, Mémoire de maîtrise en Philosophie, Université de Lomé, 1995

Mandel, Karl Hebert, Frieden in der Ehe, Freiburg, Herder, 1984

Molinié, M.D., in: Xavier Lacroix, Le Mariage, 3e ed., Les Ed. Ouvrières, Paris 1993

Obianim, Sam, Eve konuwo, E.P. Church Press, Ho, 1976, pp. 51-53

Pazzi, Roberto, Eléments de cosmologie ewe, adja, gen, fon, in : Traditions Togolaises, Annales de l'Université du Bénin, N° spécial, Lomé, Editogo, 1979

Pierrette Herzberger-Fofana, Binationale Ehen in Deutschland, in: Zeitung Béto, Düsseldorf, Ausgabe Nr. 19/1997

Rassam, Joseph, Saint Thomas, l'être et l'esprit, P.U.F. Paris 1971

Rhein-Neckar-Zeitung, Nr. 292, 18. Dezember 2001

Rogers, Carl, Entwicklung der Persönlichkeit, 1992

Sartre, Jean-Paul, Bei geschlossenen Türen, übers. V. H. Kahn, in: Drei Dramen, Reinbek 1965, in: Fleischer, M. [Hrg.], Philosophen des 20. Jahrhunderts. Eine Einführung, wissenschaftliche Buchgesellschaft, Darmstadt, 1995

Vergez, André et Huisman, Denis, Cours traité de philosophie, tome 2, Frenand Nathan, Paris 1969

Weibliche Treue ist von der Evolution nicht vorgesehen, in: Stern, 45 / 2001

www.france-jeunes.net consulté le 06.08.2002

www.Lafrance2002.org/Main/quelques chiffres.htm consulté le 08-08-2002

Anhang

Im Anhang sind die meisten der Umfragen gesammelt, die zu dem Thema bei afrikanischen Beratern und Ratsuchenden im März und April 2001 in Togo, Ghana und einigen europäischen Ländern durchgeführt worden sind. Es gibt drei Kategorien der afrikanischen Ratsuchenden: Dorfbewohner, Stadtbewohner und Afrikaner, die in Europa leben (Deutschland, Österreich, Frankreich, aber auch Kanada und – per Telefon – in den USA). Die Ratsuchenden wurden hauptsächlich im Dorf in Ewe befragt; ich habe ihre Aussagen direkt ins Französische übersetzt. Um den Respekt vor den alten Menschen zu bewahren, habe ich das Alter der Berater nicht erwähnt. Sie sind im Regelfall älter als 60. Da sind auch zwei deutsche Berater, von denen der eine 23, der andere 8 Jahre in Afrika gearbeitet haben. Sie wurden auf Deutsch befragt, und ich habe ihre Äußerungen direkt ins Französische übersetzt. Einige Interviews, deren Inhalte sich sehr ähneln, wurden hier nicht extra aufgeführt.

DIE RATSUCHENDEN

Angaben zur Person	- Welche Erwartungen haben Sie, wenn Sie einem Berater ein Problem schildern?	Und wenn der Berater keine passende Lösung anzubieten hat?	Wie würden Sie reagieren, wenn der Berater nicht antwortet oder keinen Lösungsvorschlag entwickelt?
Dovi G. (m) *Abiturient im Ewegebiet, 23 Jahre alt*	- dass der Berater mein Problem erkennt - dass er mir seinen Lösungsansatz darlegt - Wenn mir seine Lösung unbefriedigend erscheint, suchen wir im Gespräch nach einer Lösung, die meines Erachtens angemessen ist • *Warum soll der Berater zunächst einen Lösungsvorschlag entwickeln?* - weil ich mich, bevor ich mich ihm anvertraue, überfordert fühle und nicht in der Lage, alleine eine Lösung zu finden.	- man vertraut seine Probleme nicht einfach irgendeinem Alten (Berater) an. Jeder Alte hat seine Schwerpunkte und Kompetenzen. - oder aber ich wende mich an einen anderen.	- ich würde mich unwohl, vielleicht sogar frustriert darüber fühlen, dass ich ihm meine Probleme anvertraut habe, weil er nun über meine Probleme Bescheid weiß, ohne dazu beizutragen, dass die Situation verbessert wird. - Man könnte es so auslegen, dass er sein Wissen nicht teilen will, oder es als Zeichen dafür sehen, dass der Berater sich für ein vorangegangenes unfreundliches Verhalten des Ratsuchenden rächt.

Atsu M. (m) *Auszubildender als Bürofachkraft im Ewegebiet, 25 Jahre alt*	- eine Lösung, die ich selber analysieren muss, weil ich von dem Problem überfordert bin.	- ich wäre etwas enttäuscht; aber ich würde versuchen, einen anderen Berater (Alten) aufzusuchen.	- ich würde ihn vielleicht als einen Egoisten ansehen, der sein Wissen nicht teilen oder nicht helfen will.
Aakpévi A. (w) *Informatikstudentin im Ewegebiet, 18 Jahre alt*	- einen Ratschlag	Ein möglicher Lösungsvorschlag des Beraters hilft mir, klarer zu sehen und ihn mit meiner eigenen Lösung zu vergleichen. Wenn seine Lösung mir nicht gefällt, mache ich, was ich gedacht hatte.	- Ich würde zu einem anderen Berater gehen, und ich würde dem ersten Berater in Zukunft keine Probleme mehr anvertrauen.
Dzigbodi Z. (w) *Touristik-Auszubildende in Lomé, 25 Jahre alt*	- entweder dass der Berater mir einen Rat gibt, der mir hilft, mein Problem zu lösen; - oder dass der Berater mir eine passende Lösung vorschlägt • *Abhängigkeitsgefahr?* • *Ich muss mich nicht wegen jedes kleinen Problems an einen Berater wenden sondern nur, wenn ich mich von meinen Problemen überfordert fühle.*	- Ich fälle meine Entscheidung. - Ich wende mich vielleicht an einen anderen Berater, aber ich vermeide es, mich mehreren Menschen anzuvertrauen.	- Zunächst mal kann ich mir nicht vorstellen, dass ein Berater sich weigern sollte, etwas zu sagen; aber wenn das passieren sollte, würde ich sehr enttäuscht von ihm weggehen.

Mawuena K. (m) *Verwaltungsangestellter im Zentrum für Fernstudien an der Universität von Lomé, 45 Jahre alt*	- besondere Aufmerksamkeit während ich erzähle - Der Berater sollte sich in dem betreffenden Gebiet gut auskennen - Der Berater muss mir helfen wollen, indem er mir die nötigen und ehrlichen Auskünfte gibt. - Ich erwarte eine befriedigende Lösung für mein Problem (ich gehe davon aus, dass der Berater die Lebensprinzipien des Ratsuchenden berücksichtigt) • *Besteht da nicht eine Gefahr der Abhängigkeit?* - Ein Ratschlag ist kein Befehl. Der Ratsuchende kann ihn umsetzen oder auch nicht.	- Ich wäre enttäuscht und würde mich nie wieder an ihn wenden. - Ich würde einen anderen Experten auf dem Gebiet suchen	- Ich könnte mir vorstellen, dass ich ihn beschimpfen und Schlechtes über ihn sagen würde. - Aber man könnte sich auch denken, dass der Berater selber dem Problem ratlos gegenübersteht oder sein gegenüber mit seinen Antworten nicht schockieren will.

Vincent A. (m) *Orientierungsberater an der Universität von Lomé, 35 Jahre alt (hier als Ratsuchender befragt)*	- dass der Berater mir seine ganze Zeit schenkt und mir zuhört! - Dass der Berater mir nicht eine fertige Lösung unterbreitet sondern vielmehr einen Lösungsvorschlag - Dass er in seiner Analyse objektiv ist, was jedes Gefühl von Mitleid ausschlisset. • *Besteht die Gefahr von Abhängigkeit?* Wir werden in Afrika dazu erzogen, das Bedürfnis nach der Solidarität unseres Nächsten zu haben, wenn wir in Schwierigkeiten sind. Es ist eher ein Zeichen von Solidarität und Vertrauen als von Abhängigkeit.	- Ich gehe enttäuscht weg.	- Ich erachte ihn als unfähig, mein Problem zu lösen. Folglich werde ich zukünftig nicht mehr den Mut aufbringen, ihm noch andere Probleme anzuvertrauen.
François A. (m) *Unternehmer aus Togo, wohnhaft in Accra (Ghana), 45 Jahre alt.*	- dass er mir hilft, mein Problem zu lösen. • *Gefahr der Abhängigkeit?* - Ich muss den Rat des Beraters nicht befolgen	- Um den Berater nicht zu frustrieren, würde ich ihm zuhören, aber ich befolge seine Vorschläge nicht.	- Ich würde daraus folgern, dass er sich nicht für mein Problem interessiert.

Botsoé A. (m) *Grundschullehrer,* *wohnhaft in Lomé, 28* *Jahre alt.*	- eine Lösung oder einen Rat oder eine Verhaltensregel bekommen, die mir helfen kann, klarer zu sehen und besser zu entscheiden. Denn wie schon ein Sprichwort bei uns besagt: „Die Weisheit ist wie ein Baobab (ein großer Baum): man kann ihn nicht mit einem Arm umschlingen" *- Besteht da nicht die Gefahr von Abhängigkeit?* - Ich kenne keine große Institution, die nicht wenigstens eine Beraterstelle einrichtet. Außerdem kann man sich beraten lassen, ohne sich dadurch zu verpflichten.	- Ich würde weiterhin selber nachdenken und versuchen, einen anderen Berater zu finden.	- Ich rege mich nicht auf, aber ich wäre auch nicht zufrieden.

Semenya A. (w) *Wirtschaftswissenschaftlerin, Geschäftsfrau aus Togo, wohnhaft in Accra (Ghana), 43 Jahre alt.*	- Der Berater muss mein Problem nachempfinden können. - Er muss mir helfen, mein Problem zu lösen. • *Gefahr der Abhängigkeit?* Ich wende mich nicht wegen jedes Problems an einen Berater. Ich bitte nur dann einen Berater um Hilfe, wenn ich mich überfordert fühle.	- Ich wäre von dem Berater enttäuscht. - Das wäre für mich eine große Demütigung.
Gisèle M. (w) *Hausfrau aus Togo, wohnhaft in Accra (Ghana), 27 Jahre alt.*	- Um ein Problem für mich zu lösen. • *Gefahr der Abhängigkeit?* - Man braucht jemand anderen, wenn man sich vom Leben überfordert fühlt.	- Ich könnte daraus schließen, dass er mir nicht helfen will. - Ich würde hoffen, dass er sich die Zeit nimmt nachzudenken. Aber wenn er mir nach ein paar Tagen immer noch nichts sagt, folgere ich daraus, dass er mir nicht helfen will. Ich wäre frustriert.
Roméo B. (m) *Soziologe und Informatiker aus Togo, wohnhaft in Paris, 36 Jahre alt.*	- dass der Berater mir rät oder seine Meinung sagt. • *Gefahr der Abhängigkeit?* Es geht mir nur darum, meiner Meinung die des anderen (des Beraters) gegenüberzustellen.	- Ich spreche nur mit jemandem über meine Probleme, der sich mit der Thematik auskennt und mir helfen könnte. - Ich wäre enttäuscht.

Sewa A. (m) *Aus Togo, Philosophiestudent an der Universität in Wien, 32 Jahre alt.*	- dass der Berater mir zuhört. - Dass er mir seinen Standpunkt mitteilt: was er in meiner Situation machen würde. - Ich würde gegebenenfalls auch erwarten, getröstet zu werden. • *Gefahr der Abhängigkeit?* Wenn ich andere nach ihrer Meinung frage, so mache ich das, um meine eigenen Lösungen einschätzen zu können.	- Ich würde ihm meine Lösungsansätze darlegen, um ihm zu ermöglichen, sie mit mir zusammen einzuschätzen.	- Ich wäre immerhin schon zufrieden, dass mir jemand zugehört hat. - Und falls der Berater mir zufällig wenigstens einige Fragen zum Nachdenken stellen sollte, würde ich vielleicht ein bisschen klarer sehen. - Sollte ich unzufrieden sein, würde ich zu einem anderen Berater gehen.
Eugène D. (m) *Aus Togo, Soziologiestudent an der Marc-Bloch-Universität in Straßburg, 26 Jahre alt.*	- dass der Berater eine Lösung für mich findet. - Ich will meine Lösung mit der des Beraters vergleichen. • *Gefahr der Abhängigkeit?* Ich bin nicht verpflichtet, die Hinweise des Beraters zu befolgen.	- Ich teile meine Probleme nicht leicht anderen mit. - Aber wenn ich es doch mache, wende ich mich an jemanden, dessen Erfahrung mir weiterhelfen kann. - Wenn ich nicht zufrieden bin, wende ich mich an einen anderen Berater. Deshalb muss man einen Berater aussuchen, von dem gesagt wird, dass er sich in dem Bereich gut auskennt.	- Ich wäre von diesem Berater enttäuscht.

Pierre S. (m) *Aus Togo, Doktorand der Germanistik an der Universität von Hannover, 29 Jahre alt.*	- Dass er mir seine Meinung zu meiner beschriebenen persönlichen Situation sagt. - Wenn ich in einer schwierigen Situation bin, aus der ich keinen Ausweg finde, würde ich von dem Berater eine sinnvolle Lösung erwarten. • *Gefahr der Abhängigkeit?* - Ich wende mich nicht mit unwichtigen Problemen an einen Berater; ich bitte den anderen erst um seine Mithilfe, nachdem ich mich selber angestrengt habe.	- Ich fälle meine Entscheidung alleine oder ich wende mich an einen anderen Berater.	- Es wäre frustrierend bzw. sogar eine Beleidigung für mich.
Eugène T. (m) *Aus Kamerun, Doktorand der Physik an der Uni Münster, 30 Jahre alt. Wurde in der Stadt geboren und ist dort aufgewachsen; hat nie im Dorf gelebt.*	- Ich spreche mit niemandem über meine Probleme, weil ich versuche, selber Lösungen zu finden.		

Jean-Claude B. (n) *Von der Elfenbeinküste (Westafrika). Informatikstudent an der Universität von Münster, 36 Jahre alt. Ist in Abidjan, der Hauptstadt der Elfenbeinküste, aufgewachsen.*	- Wenn es ein persönliches Problem psychologischer Natur ist, genügt es mir, dass jemand mir zuhört. - Wenn es ein Problem ist, das ich mit anderen habe, zum Beispiel ein Beziehungsproblem, erwarte ich, dass der Berater mir Alternativen anbietet.	- Die Tatsache, dass er mir zugehört und sein Interesse gezeigt hat, hilft mir.	- Es wäre enttäuschend.
Yvonne A. (w) *Aus Kenia (Ostafrika).* *BWL-Studentin an der Universität von Münster, 22 Jahre alt.*	- Für mich ist es sehr wichtig, dass der Berater seine Verschwiegenheit bewahrt. - Eine angemessene Lösung. - Aber der Berater darf es sich nicht über unser Gespräch hinaus persönlich annehmen.	- Ich vertraue ihm nicht mehr und ich würde mich nicht mehr so einfach trauen, ihm noch mal von meinen Problemen zu erzählen. - Oder wenn ich ihm doch noch mal meine Probleme schildern sollte, ginge es nur darum, dass ich seine Meinung mit meiner oder der von anderen vergleiche.	- Ich erzähle ihm von meinem Problem, weil ich ihm vertraue und weil ich etwas von ihm erwarte; aber wenn er mir nichts sagt, wäre ich enttäuscht und würde ihm nichts mehr über meine Probleme sagen.

X

DIE BERATER

Angaben zur Person	Warum raten Sie einem Ratsuchenden, wenn er von einem Problem erzählt?	Und wenn der Ratsuchende ihren Rat nicht befolgt?
YAWOVI N. (m) *Landwirt und Vorsitzender des katholischen Komitees eines Ewe-Dorfes.*	- Ein Sprichwort besagt: „Ein Problem ist schwerer als Gepäck". Deshalb ist es notwendig, einem Menschen in Schwierigkeiten mit einem Rat zur Seite zu stehen, genauso wie man jemandem helfen kann, der eine schwere Last zu tragen hat. - Gott spricht nicht mehr direkt zu uns wie er das in Sinai gemacht hat (er spricht durch unsere Brüder zu uns).	- Es könnte enttäuschend sein, wenn der Ratsuchende ein Freund ist. - Dennoch steht es dem Ratsuchenden frei, mein Rat zu befolgen oder nicht.
AKUA S. (w) *Verantwortliche für die praktische Planung von traditionellen Hochzeitszeremonien in einem Ewe-Dorf.*	- Ich sage meine Meinung zu dem Problem, das mir dargelegt wurde, wenn ich mich in der Sache auskenne. - Von einigen wird gesagt, dass sie von ihren Problemen überfordert sind, deshalb muss ich meine Meinung äußern, aber es muss immer dem dargelegten Problem angemessen sein.	- Wenn er zu einem späteren Zeitpunkt mit einem anderen Problem zu mir käme, wäre ich wenig interessiert; denn es ist, als hätte er sich über mich lustig gemacht. - Aber er ist nicht verpflichtet, sich nach meinen Hinweisen zu richten.

| **ABRA A. (w)**

Verantwortliche für die traditionellen Hochzeitszeremonien in einem Ewe-Dorf. | - Ich rate dem Ratsuchenden, um ihn angesichts seiner Probleme, die ihm weh tun können, zu erleichtern.

- Wenn der Ratsuchende ein respektloser Mensch ist oder unhöflich, ziehe ich mich aus der Affäre, in dem ich vorgebe, keine Idee für sein Problem zu haben.

- Aber in einer normalen Situation ist es eine Beleidigung des Ratsuchenden, wenn der Berater ihm nicht hilft.

- Wenn jemand mit seinen Problemen zu dir kommt, heißt das, dass er dich ernst nimmt. Deshalb muss man alles daran setzen, dem Ratsuchenden zu helfen. | - Es kann ein Zeichen von Respektlosigkeit seitens des Ratsuchenden sein.

- Aber es steht dem Ratsuchenden frei, seine Erfahrungen mit dem Rat oder ohne ihn zu machen. |
| **AFETSI (m)**

Grundschullehrer i. R. und Dorfoberhaupt in einem Ewe-Dorf. | - Ein Ratschlag zeigt dem Ratsuchenden einen gangbaren Weg auf. Der Alte schöpft aus seinen Erfahrungen in der Vergangenheit, um dem Ratsuchenden eine Verständnishilfe zu sein.

- Durch den Rat kann der andere vorhersehbaren Gefahren aus dem Weg gehen.

• *Gefahr der Abhängigkeit?*

Der Rat ist nicht verpflichtend. | - Der Berater muss die Freiheit zu wählen des Ratsuchenden respektieren und darf ihn nie zu etwas nötigen; er muss ihm die Zeit lassen, seine eigenen Erfahrungen zu machen. |

Yawokuma A. (m) *Chefprotokollant i.R. des internationalen Sprachinstituts; engster Berater des Dorfoberhaupts in einem Ewe-Dorf*	Aus mehreren Gründen:

Aus mehreren Gründen:

- Ein Ratsuchender wendet sich an einen Berater, weil er sich von seinen Problemen überfordert fühlt. Der Berater kann dem Ratsuchenden aufgrund seiner Erfahrungen und seiner Reife weiterhelfen. Die Alten sind für uns wie Archive.

- Es gibt Menschen, die häufig eine führende Hand brauchen, um sich wiederzufinden.

• Bedeutet das nicht, diese *Menschen* in der Abhängigkeit festzuhalten?

Einerseits nein: Ich bin Vorsitzender der Elternvertretungsvereine im pädagogischen Bezirk von über dreißig Dörfern, und ich habe sechs Berater; Um eine Entscheidung fällen zu können, muss ich mich mit ihnen beraten.

- Andererseits ja: aber es ist häufig wie das geringere Übel, um den „Schwächeren" zu helfen.

- Das ist komplex: Der Alte muss sich wie ein Weiser verhalten. Die Reaktion ist von Fall zu Fall unterschiedlich.

- Ein Rat ist niemals eine Entscheidung sondern nur ein Wegweiser für den anderen. Der Alte muss respektieren, dass der Ratsuchende sich frei entscheiden kann. Aber der Alte empfindet eine innere Befriedigung, wenn er Ratschläge gegeben hat. Der Alte ist häufig sehr stolz, wenn das, was er vorhergesehen hat, auch eintritt.

BERNHARD H.		
Deutscher Priester, hat 23 Jahre lang in Ghana gearbeitet, ist zur Zeit regionaler Verantwortlicher einer Gemeinschaft der „Weißen Väter" in Deutschland und Koordinator zwischen der Diözese Münster und der Gemeinschaft Afrikanischer Christen in Münster.	- Ich sehe in jedem Menschen meinen Bruder, meine Schwester, ein Kind Gottes. Deshalb fühle ich mich verpflichtet, meinem Gegenüber zuzuhören und ihm zu raten.	- Es stört mich nicht, weil jeder Mensch und in diesem Fall der Ratsuchende selber dafür verantwortlich ist, seine Entscheidungen zu fällen.
	• *Was halten Sie davon, dass in Afrika die Methode angewandt werden könnte, dass bei einem Beratungsgespräch keine Ratschläge gegeben werden?*	- Aber ich wäre betrübt, wenn er meinen Rat nicht befolgt und ihm etwas passiert, das er hätte vermeiden können, wenn er es getan hätte.
	- Ich habe die Erfahrung gemacht, dass die Menschen in Afrika immer oder zumindest häufig eine Antwort oder einen Rat erwarten. Ich persönlich kann mich unter diesen Umständen nicht darauf beschränken, dem Ratsuchenden einfach nur zuzuhören. Er wäre sonst frustriert. Ich gebe ihm aber auch keine Verhaltensmaßregeln vor. Mein Kompromiss ist, ihn durch Fragen zu einer Lösung zu führen; oder in einigen Fällen würde ich Möglichkeiten vorschlagen. Aber derjenige müsste selber entscheiden.	- Und wenn er bei jemand anderem eine bessere Hilfe bekommt, würde ich mich für ihn freuen.
	• *Wie erklären Sie sich diesen Mentalitätsunterschied im Vergleich zu Europa?*	
	- Nach meiner Beobachtung denkt der Afrikaner mehr _für die Gemeinschaft als für sich	

BERNHARD H. *(Fortsetzung).*	selbst"; die Familie und die Gesellschaft sind dem Individuum so wichtig, dass es sich mit der Familie (Großfamilie) verbunden fühlt. Somit ist ein Problem des einzelnen das Problem der Familie, der Gruppe oder sogar der Gesellschaft. Allem liegt ein gegenseitiges Vertrauen zugrunde, das mit sich bringt, dass jemand, der einem anderen von seinen Problemen erzählt und keine Antwort bekommt, sich missachtet fühlt oder gar allein gelassen (von der Gruppe, mit der er sich solidarisch fühlt) - Ein zweiter Grund ist die christliche Lehre vom Gewissen und von der Freiheit des einzelnen; Diese Lehre hat die europäische Mentalität stark beeinflusst. Dadurch hat das „Ich" in Europa mehr Autonomie als das „Wir" • *Gefahr der Abhängigkeit?* - Ich habe mit Jugendlichen gearbeitet, die bis dahin keine Christen waren und die Traditionen sehr verinnerlicht hatten. Als sie Christen geworden waren, haben sie zu mir gesagt: Früher war das „Wir" wichtiger als das „Ich". Jetzt ist das „Ich" wichtiger als das „Wir". Es sind zwei unterschiedliche Systeme, die beide ihre Vor- und ihre Nachteile haben. Die

| BERNHARD H.

(Fortsetzung) | Gefahr der Abhängigkeit ist nicht groß.

Das afrikanische System ist gut für die Solidarität zwischen den Menschen aber nicht für den technologischen Fortschritt.

• *Welches der beiden Systeme ist wichtiger für sie?*

Das ist von Mensch zu Mensch unterschiedlich. Man kann es schwer verallgemeinern. | |
| VINCENT A. (m)

Orientierungsberater an der Universität von Lomé und Soziologieprofessor | - Aufgrund meiner beruflichen Verpflichtungen als Orientierungsberater gebe ich Hinweise, die es dem Studenten ermöglichen, seine Kompetenzen zu entwickeln. | - Meine Aufgabe ist es nicht, den Studenten eine Entscheidung aufzuzwingen. Sie sind vollkommen frei in ihrer Entscheidungsfindung. |

GERHARD K., *Deutscher Priester der Gemeinschaft der „Weißen Väter", hat 8 Jahre in Malawui (Ostafrika) gearbeitet, kümmert sich zur Zeit um afrikanische Flüchtlinge.*	- Weil die Ratsuchenden in Afrika vertrauen und ich es als meine priesterliche Pflicht ansehe, ihnen zu raten (wie bei der Beichte) oder wie jede andere Aufgabe eines Priesters auch, die Sakramente zu verleihen. • *Gefahr der Abhängigkeit?* - Ich denke, dass jemand, der Probleme hat, von einem anderen, von dem er denkt, dass der sich besser auskennt, erwartet, dass er ihm hilft. • *Welche Unterschiede gibt es zwischen den Erfahrungen, die Sie in diesem Bereich in Afrika und in Europa gemacht haben?* - In Europa sind die klassischen Strukturen für Beratung gültig: Man muss nur das Telefonbuch aufschlagen, um die Nummer des Psychologen, des Psychoanalysten, des Psychiaters, des Eheberaters usw. zu finden. Die gleiche Struktur ist in Afrika in ein anderes System eingebettet.	- Ein Problem hängt häufig mit mehreren Dingen zusammen; deshalb muss man sich tolerant zeigen und darf von dem Berater keine Wunderlösung erwarten. - In letzter Konsequenz liegt es bei dem Ratsuchenden, seine Entscheidungen zu fällen.

Fremde Nähe – Beiträge zur interkulturellen Diskussion

herausgegeben von Raimer Gronemeyer (Gießen),
Roland Schopf (Fulda) und Brigitte Wießmeier
(Berlin)

Gertraude Lowien
Bilder vom Alltag italienischer Frauen
Erzählte Lebensgeschichte – gesellschaftliche
Verhältnisse
Es handelt sich um Bilder im Sinne von Lebens-
bildern: Zehn Italienerinnen im Alter von Mitte
Dreißig bis über neunzig Jahre kommen im ersten
Teil zu Wort. Sie stellen ihre Biographien dar und
schildern als Expertinnen ihrer eigenen Realität,
wie sie in den letzten neun Jahren mit den vielen,
oft "typisch italienischen" Schwierigkeiten ihres
Alltags umgegangen sind. Die Auswahl dieser
Frauen nach unterschiedlichem Alter, Herkom-
men, Ausbildungs- und Familienstand ermöglicht
Einblicke in sehr unterschiedliche Lebensmodelle.
Im zweiten Teil werden, weitgehend auf der
Basis italienischer Literatur und aus der Perspek-
tive von Frauen Fakten, Zusammenhänge und
Einzelbeispiele zu den allgemeinen und speziel-
len Bedingungen dargestellt, die den Alltag von
Frauen bestimmen: Rollen- und Selbstverständnis,
Mutterschaft, Familie im Wandel, Arbeit im Beruf
und in der Familie, Alter, Gesundheit, Wohnen.
Bd. 7, 1997, 384 S., 24,90 €, br., ISBN 3-8258-3178-7

Andreas von Seggern
'Großstadt wider Willen'
Zur Geschichte der Aufnahme und Integration
von Flüchtlingen und Vertriebenen in der
Stadt Oldenburg nach 1944
Die vorliegende Untersuchung beschäftigt sich
mit jenem Zeitraum der Oldenburger Stadtge-
schichte, in dem sich innerhalb weniger Jahre
die Entwicklung der vormaligen Residenz- bzw.
Landeshauptstadt zur Großstadt vollzog. Die
Dynamik des Zustroms von über 40.000 Vertriebenen und Flüchtlingen, die als Folge des
nationalsozialistischen Krieges in das weitgehend
unzerstört gebliebene Oldenburg strömten, schuf
soziale, ökonomische, politische, vor allem aber
sozio-kulturelle Probleme, deren Bewältigung –
bei allen Integrationserfolgen – zum Teil bis in
die Gegenwart nur unzureichend gelingen konnte.
Bd. 8, 1998, 424 S., 30,90 €, br., ISBN 3-8258-3553-7

Yasar Uysal
**Biografische und ökologische
Einflußfaktoren auf den Schulerfolg
türkischer Kinder in Deutschland**

Eine empirische Untersuchung in Dortmund
Noch immer sind Schüler mit ausländischem
Paß nach wie vor an den Hauptschulen und Son-
derschulen über- und an den Realschulen und
Gymnasien unterrepräsentiert. Trotz vielfältiger
pädagogischer und didaktischer Maßnahmen hat
sich die Schulsituation ausländischer Schüler
nicht wesentlich verbessert. Die vorliegende
Arbeit versteht sich zugleich als sozialwissen-
schaftlicher und als schulpädagogischer Beitrag
zur Analyse der Lebensbedingungen türkischer
Schüler sowohl im Elternhaus als auch in ihrem
sozialen Umfeld. Ein zentrales Ziel der vorliegenden Arbeit ist es, konkrete Schwierigkeiten
türkischer Schüler zu verdeutlichen, um daraus
konkrete Hinweise zu gewinnen, die einer Verbesserung der Schulsituation türkischer Kinder
dienlich sein können.
Bd. 9, 1998, 240 S., 17,90 €, br., ISBN 3-8258-3606-1

Hasan Alacacıoğlu
**Außerschulischer Religionsunterricht
für muslimische Kinder und Jugendliche
türkischer Nationalität in NRW**
Eine empirische Studie zu Koranschulen in
türkisch-islamischen Gemeinden
Die Debatte um die Einführung eines islamischen
Religionsunterrichts an deutschen Schulen wird
überwiegend von Emotionen und Vorurteilen bestimmt. Diese fehlende Sachlichkeit ist vor allem
zurückzuführen auf die verbreitete Unkenntnis
hinsichtlich der großen islamischen Religionsge-
meinschaften, die als Träger eines solchen Unterrichts in Frage kämen. Vor diesem Hintergrund
leistet die vorliegende Studie einen wichtigen
Beitrag zur Schließung vorhandener Informa-
tionslücken. Der Autor stellt die fünf größten
islamischen Gemeinschaften in Deutschland –
VIKZ, Milli Görüş, DITIB, Nurculuk-Bewegung,
Aleviten – detailliert vor und gibt einen Über-
blick über ihre weltanschauliche Fundierung und
ihre Zielsetzungen auf religiösem, kulturellem
und politischem Gebiet. Im Mittelpunkt steht
die Untersuchung des Religionsunterrichts, den
diese Gemeinschaften in ihren Koranschulen
anbieten, seiner inhaltlichen Schwerpunkte, seiner
Zielsetzungen sowie der verwandten Unterrichts-
methoden. Eine ausführliche Beurteilung dieses
Unterrichts unter pädagogischen und religions-
pädagogischen Gesichtspunkten rundet das Buch
ab.
Bd. 10, 1999, 296 S., 20,90 €, br., ISBN 3-8258-4144-8

Brigitte Wießmeier (Hg.)
"Binational ist doch viel mehr als deutsch"
Studien über Kinder aus bikulturellen Famili-
en
Die interkulturelle Forschung focussiert bisher

LIT Verlag Münster – Hamburg – Berlin – London
Grevener Str./Fresnostr. 2 48159 Münster
Tel.: 0251 – 23 50 91 – Fax: 0251 – 23 19 72
e-Mail: vertrieb@lit-verlag.de – http://www.lit-verlag.de

eher Probleme, wonach das Zusammentreffen zweier Kulturen grundsätzlich als divergent und in Form kultureller Zerrissenheit erlebt wird. Die sogenannte Kulturkonflikthypothese geht von grundlegenden Orientierungs- und Identitätsschwierigkeiten aus. Die Kultur wird als zentrale und primäre Dimension betont, und andere persönliche, soziale und ökonomische Faktoren werden vernachlässigt. Der Forschungsansatz der Forschungsgruppe ist hingegen ein anderer. Dieser meint nicht ein "sozialromantisches" Hinwegsehen kulturkritischer Komponenten. Es wird aber ein Zusammenhang gesehen zwischen einem "existierenden Kulturkonflikt" und "gesellschaftlicher Anerkennung bzw. Nichtanerkennung von Kultur". An dieser Stelle bekommen also die individuellen Internalisierungsprozesse bezogen auf Kultur und ihre gesellschaftliche Anerkennung und Wertschätzung eine Bedeutung. Weiterhin werden im mehrkulturellen Kontext Momente der Erweiterung von Lebens- und Handlungsmöglichkeiten erkannt, die in bisherigen kulturvergleichenden Zusammenhängen vernachlässigt wurden. An dieser Stelle soll kein "positives Vorurteil" konstruiert und ein genereller bikultureller Vorteil unterstellt werden. Vielmehr wird parallel zur interkulturellen eine bikulturelle Chance akzeptiert.

Bd. 11, 1999, 216 S., 17,90 €, br., ISBN 3-8258-4166-9

Cüneyt Sözbir u. a. (Hg.)
Migration und gesellschaftlicher Wandel
Bd. 12, Herbst 2002, ca. 200 S., ca. 15,90 €, br., ISBN 3-8258-4567-2

Shirin Daftari
Fremde Wirklichkeiten
Verstehen und Mißverstehen im Fokus bikultureller Partnerschaften
Menschen, die eine Situation gemeinsam erleben, nehmen diese meist verschieden wahr und handeln dementsprechend in verschiedene Wirklichkeiten. Von dieser Tatsache angeregt, hat Shirin Daftari versucht, verschiedene Dimensionen der Wahrnehmung herauszuarbeiten, auf Grund derer Wirklichkeit unterschiedlich entsteht. Hierzu wählt sie bikulturelle Partnerschaften als Fokus. Diese sind als Intimbeziehungen zum einen Ort intensivster Kommunikation, an dem Verschiedenheit nicht einfach übergangen werden kann. Zum anderen kann sich in der Auseinandersetzung mit bikulturellen Partnerschaften *einer* Dimension von Andersartigkeit, nämlich kulturell geprägter Andersartigkeit, angenähert werden.
Bd. 13, 2000, 216 S., 20,90 €, br., ISBN 3-8258 4586 9

Stefan Körner
Das Heimische und das Fremde
Die Werte Vielfalt, Eigenart und Schönheit in der konservativen und in der liberal-progressiven Naturschutzauffassung
Die vorliegende Studie beschäftigt sich anhand einer Diskussion um die Bewertung fremder Arten im Naturschutz mit einem Problemkomplex, der von den meisten Ökologen, Landschaftsplanern, Geographen und Naturschützern überhaupt nicht als Problem angesehen wird: Bei der Anwendung ökologischer Theorien im Handlungsfeld des Naturschutzes werden die in diesen Theorien enthaltenen Weltbilder, nämlich das konservative und das liberal-progressive, mit ihren jeweiligen fundamentalen Werten in die Natur projiziert, um sie in einem naturalistischen Fehlschluß dann wieder aus dieser als angeblich objektive ökologische Sachverhalte herauszulesen.
Bd. 14, 2000, 120 S., 17,90 €, br., ISBN 3-8258-4701-2

Kemal Bozay
Exil Türkei – Ein Forschungsbeitrag zur deutschsprachigen Emigration in der Türkei (1933 – 1945)
Die vorliegende Arbeit greift eines der erfreulichsten Kapitel in den Beziehungen zwischen Deutschland und der Türkei auf. Leider ist es bislang auch eines der am wenigsten bekannten. Die Tatsache, daß die Türkei nach 1933 zahlreichen deutschen Wissenschaftlern und Künstlern nicht nur Asyl und Zuflucht, sondern auch ein Betätigungsfeld geboten hat, steht im doppelten Schatten der deutsch-türkischen militärischen Kooperation bis zum Ersten Weltkrieg einer und der türkischen Migration nach Deutschland seit den sechziger Jahren andererseits.
In seiner Arbeit geht es dem Autor freilich nicht in erster Linie um die Darstellung und Analyse des Ereignisses selbst, das wissenschaftlich recht gut dokumentiert ist. Vielmehr stellt er es in den Kontext der Migrationsforschung: Der Aufenthalt der Deutschen, bei denen es sich um jüdische Emigranten, wissenschaftliche und kulturelle Dissidenten und nicht zuletzt um politische Gegner des Hitler-Faschismus handelte, wird im Zusammenhang mit der allgemeinen deutschen Migrationsgeschichte verstanden. Migration, also "Wanderung" ist gleichbedeutend mit dem Übergang in eine neue soziale und kulturelle Lebenswelt. Dieser Prozeß beinhaltet eine Loslösung von alten Lebensweisen sowie einen Verlust von kultureller und sozialer Selbstverständlichkeit.
Udo Steinbach
Bd. 15, 2001, 136 S., 15,90 €, br., ISBN 3-8258-5103-6

LIT Verlag Münster – Hamburg – Berlin – London
Grevener Str./Fresnostr. 2 48159 Münster
Tel.: 0251 – 23 50 91 – Fax: 0251 – 23 19 72
e-Mail: vertrieb@lit-verlag.de – http://www.lit-verlag.de

Jennifer Wasmuth (Hg.)
Zwischen Fremd- und Feindbildern
Interdisziplinäre Beiträge zu Rassismus und
Fremdenfeindlichkeit
Rassistisch und fremdenfeindlich motivierte Ge-
walttaten haben die Öffentlichkeit aufgeschreckt
und erneut zu einer breiten Diskussion über
Maßnahmen gegen rechtsradikale Tendenzen
unter Jugendlichen geführt. Der vorliegende
Sammelband enthält Artikel von Autoren und
Autorinnen, die sich mit dem Thema "Rassismus
und Fremdenfeindlichkeit" in intensiver Weise
wissenschaftlich auseinander gesetzt haben. Die
Beiträge erweitern die aktuell geführte Diskussion
in historischer, kultureller und soziologischer
Perspektive und verdeutlichen, dass die mit
Rassismus und Fremdenfeindlichkeit gegebene
Problematik nicht nur als ein generations- oder
milieuspezifisches Phänomen zu begreifen ist,
sondern vielmehr nahezu alle gesellschaftlichen
Segmente betrifft.
Bd. 16, 2000, 248 S., 25,90 €, br., ISBN 3-8258-5126-5

Jürgen Klute; Spyros Papaspyrou;
Lioba Schulte (Hg.)
AGORA – Von der Kohle zum Amphitheater
Kleine Schritte in Richtung Europa
Bd. 17, Herbst 2002, ca. 184 S., ca. 20,90 €, br.,
ISBN 3-8258-5988-6

Julien Koku Kita
Pour comprendre la mentalité africaine
Les rapports afro-occidentaux en dynamisme
constructif
Bd. 18, Herbst 2002, ca. 104 S., ca. 14,90 €, br.,
ISBN 3-8258-6283-6

Reichtum
Beiträge zu Ökonomie und Kultur der sozialen
Distanz
herausgegeben von Prof. Dr. Ernst-Ulrich Huster
(Evangelische Fachhochschule Westfalen-Lippe)

Ernst-Ulrich Huster; Fritz Rüdiger Volz (Hg.)
Theorien des Reichtums
Jahrelang war Reichtum als Thema ein Tabu.
Angesichts der immer weiter klaffenden Schere
von „arm und reich" im Inland und weltweit wird
wieder öfter und schärfer vom Reichtum geredet. Bei Freund und Feind wird er allermeist als
normativ aufgeladener Kampfbegriff gebraucht.
Offen bleibt die Frage, ob „Reichtum" auch
theoriefähig sei. Dieser Band lehnt diese Frage
und bietet erstmalig eine interdisziplinäre und
facettenreiche Theoriebildung zu den historischen,
ökonomischen, sozialen und kulturellen, zu den

analytischen wie ethischen Dimensionen eines
komplexen Problems und Begriffs – ohne die
man die Dynamik der gesellschaftlichen Entwicklung nicht hinreichend verstehen wird.
Bd. 1, 2002, 304 S., 20,90 €, br., ISBN 3-8258-5492-2

Gesellschaft und Kultur
Neue Bochumer Beiträge und Studien
herausgegeben von Prof. Dr. Paul Gerhard Klussmann,
Dr. Dr. Sabine Meck, Dr. Frank Hoffmann, Dr. Anne
Hartmann und PD Dr. K. W. Tofahrn

Sabine Meck; Paul Gerhard Klussmann (Hg.)
Festschrift für Dieter Voigt
Mit Beiträgen aus der Sozialwissenschaft, der
Deutschlandforschung und der Sportwissenschaft
von Werner Voß, Klaus W. Tofahrn, Dieter Stein-
höfer, Roland Singer / Petra Wagner, Werner
Rutz, Bero Rigauer, Gertrud Pfister, Lothar Mer-
tens, Sabine Meck / Willi Martmöller, Konrad
Löw, Peter Kühnst, Paul Gerhard Klussmann,
Frank Hoffmann, Sabine Gries, Karl Wilhelm
Fricke, Günter Förster, Günter Endruweit, Eike
Emrich / Manfred Messing, Angela Deitersen-
Wieber, Stefan Becker und Nadja Arp / Norbert
Müller / Manfred Messing.
Bd. 1, 2001, 488 S., 35,90 €, br., ISBN 3-8258-5618-6

Kulturelle Ökonomik
herausgegeben von Prof. Dr. Gerold Blümle
(Universität Freiburg), Prof. Dr. Rainer Klump
(Universität Frankfurt), Prof. Dr. Bernd
Schauenberg (Universität Freiburg) und
Prof. Dr. Dr. Harro von Senger (Universität
Freiburg)
Schriftleitung: Dr. Nils Goldschmidt (Walter
Eucken Institut, Freiburg)

Gerold Blümle; Rainer Klump;
Bernd Schauenberg; Harro von Senger (Hg.)
Perspektiven einer kulturellen Ökonomik
Bd. 1, Herbst 2002, ca. 368 S., ca. 35,90 €, br.,
ISBN 3-8258-6137-6

Nils Goldschmidt
Entstehung und Vermächtnis ordoliberalen Denkens
Walter Eucken und die Notwendigkeit einer
kulturellen Ökonomik
Die Fragestellung des Ordoliberalismus, wie
sie in den dreißiger und vierziger Jahren des
20. Jahrhunderts durch Walter Eucken und die
Freiburger Schule herausgebildet wurde, hat an
Aktualität nichts verloren: Wie ist das Verhältnis

LIT Verlag Münster – Hamburg – Berlin – London
Grevener Str./Fresnostr. 2 48159 Munster
Tel.: 0251 – 23 50 91 – Fax: 0251 – 23 19 72
e-Mail: vertrieb@lit-verlag.de – http://www.lit-verlag.de

von geschichtlich-individueller Betrachtungsweise und theoretisch-allgemeiner Forschung in den Wirtschaftswissenschaften? Diesem Problem geht Nils Goldschmidt nach, indem er die Ursprünge des ordoliberalen Programms in der Spannung dieser beiden Pole erstmals umfassend analysiert und zugleich zeigt, daß nur ein geistesgeschichtlicher Zugang die Entstehung dieser Forschungstradition erklären kann. Darüber hinaus bietet diese Sichtweise auch eine Perspektive für die aktuelle Debatte: Theorie und Geschichte sind in einer kulturellen Ökonomik miteinander zu verbinden.
Bd. 2, 2002, 240 S., 30,90 €, br., ISBN 3-8258-5903-7

Medien und Kultur
herausgegeben von Prof. Dr. Wolfgang Mühl-Benninghaus (Humboldt-Universität zu Berlin)

Petra Galle
RIAS Berlin und Berliner Rundfunk 1945 – 1949
Die Entwicklung ihrer Profile in Programm, Personal und Organisation vor dem Hintergrund des beginnenden Kalten Krieges
Bd. 1, Herbst 2002, ca. 384 S., ca. 25,90 €, ■,
ISBN 3-8258-6469-3

Kommunikation und Kulturen

Antje Scholz
Verständigung als Ziel interkultureller Kommunikation
Eine kommunikationswissenschaftliche Analyse am Beispiel des Goethe-Instituts. Mit einem Vorwort von Hilmar Hoffmann
Im Zeitalter der Globalisierung kommunizieren mehr Menschen verschiedener Nationen, Kulturen und Weltauffassungen miteinander als je zuvor. Mehr Kontakt bedeutet aber nicht selbstverständlich bessere Verständigung. Im Gegenteil: fehlende Kenntnisse und Vorurteile führen leicht zu Konflikten, die die internationalen Kommunikationsbeziehungen belasten können. Das Goethe-Institut hat sich zur Aufgabe gestellt, Wissen über Deutschland und seine Sprache im Ausland zu vermitteln und die internationale kulturelle Zusammenarbeit zu fördern. Aus kommunikationswissenschaftlicher Perspektive wird gezeigt, wie Verständigung als Ziel interkultureller Kommunikation möglich wird und welche Beiträge das Goethe-Institut hierzu leistet.
Bd. 1, 2000, 168 S., 15,90 €, br., ISBN 3-8258-4890-6

Ulrich Leifeld
"But they don't know my view."
Interkulturelle Kommunikationskonflikte thailändischer und deutscher Flugbegleiter am Arbeitsplatz
Mit Hilfe modernster Technik können Grenzen und Räume immer schneller überschritten werden. „Globalisierung" ist neben der wirtschaftlichen auch auf der sozialen Ebene chancen- und risikoreich. Neue Mobilitätsformen führen vermehrt zu interkulturellen Kontakten, auch in der Arbeitswelt. Anhand von zwei Gruppendiskussionen werden Kommunikationskonflikte zwischen thailändischen und deutschen Flugbegleitern untersucht. Die Auseinandersetzung mit anderen Kulturen eröffnet neue Horizonte, läßt aber ebenso eigene Gewißheiten brüchig werden. Die im interkulturellen Kontakt spürbare Verunsicherung betrifft Alltag und Wissenschaft. Im theoretischen Teil wird daher der Versuch unternommen, einen kommunikationswissenschaftlich fundierten Kulturbegriff anzudenken.
Bd. 2, 2002, 392 S., 30,90 €, br., ISBN 3-8258-6182-1

Forschungen zu Sprachen und Kulturen Afrikas/ Researches on African Languages and Cultures/ Recherches sur les Langues et les Cultures Africaines
herausgegeben von Prof. em. Dr. Rüdiger Schott

Getie Gelaye
Peasants and the Ethiopian State
Agricultural Producers' Cooperatives and their Reflections in Amharic Oral Poetry. A Case Study in Yetnora, East Gojjam, 1975-1991
Bd. 7, 2001, 232 S., 25,90 €, br., ISBN 3-8258-4683-0

Jan Jansen
The Griot's Craft
An Essay on Oral Tradition and Diplomacy
Bd. 8, 2000, 120 S., 15,90 €, br., ISBN 3-8258-4352-1

Getie Gelaye
Amharic Oral Poems of the Peasantry in East Gojjam
Text, Classification, Translation and Commentary
Bd. 9, 2001, 160 S., 20,90 €, br., ISBN 3-8258-5223-7

Franz Kröger
Materielle Kultur und traditionelles Handwerk bei den Bulsa (Nordghana)
Bd. 10, 2001, 1148 S., 61,90 €, br., ISBN 3-8258-5512-0

LIT Verlag Münster – Hamburg – Berlin – London
Grevener Str./Fresnostr. 2 48159 Münster
Tel.: 0251 – 23 50 91 – Fax: 0251 – 23 19 72
e-Mail: vertrieb@lit-verlag.de – http://www.lit-verlag.de